Renate Roos

Dem Himmel so nah

Renate Roos

Dem Himmel so nah

Gedichte – die das Leben schreibt,
besinnliche Texte und Gebete

Bibliographische Information der Deutschen Nationalbibliothek
Die Deutsche Nationalbibliothek verzeichnet diese Publikation in der
Deutschen Nationalbibliographie.

1. Auflage August 2012

© Coverfoto: Detlef Fachinger
© Autorenfoto: Detlef Fachinger

Covergestaltung, Layout & Herstellung:
Heidrun Schneider, www.Print-Medien-Schneiderei.de

ISBN 978-3-00-039019-7

Für die Menschen
die ich liebe,
ob sie nun im Himmel
oder auf der Erde leben

„Dem Himmel so nah",
was bedeutet das für dich, für mich?

Ich möchte dich einladen, einmal in deinem Herzen und in deinen Gedanken nachzuspüren, was es für dich bedeuten kann, dem Himmel auf Erden nah zu sein. Ich lade dich ein, innezuhalten, deine Gedanken und Gefühle zuzulassen und ihnen zu folgen.

Was brauchst du, um Glück und Zufriedenheit zu empfinden? Was brauchst du, um in deiner Mitte zu sein und in dir zu ruhen?

Für mich bedeutet dem Himmel nah zu sein, eins zu sein mit dem Leben und mit der Natur, die Liebe Gottes in mir zu spüren, zu wissen, dass er immer bei mir ist, mich in seinen Händen hält und mich zu allen Zeiten durch mein Leben begleitet. In Kontakt zu sein, mit mir selbst, mit meiner Seele, die ein Teil der Ewigkeit ist und ein Teil von Gott. Dem Himmel nah zu sein bedeutet für mich, inneren Frieden, Gelassenheit und Ruhe zu spüren, selbst an hektischen Tagen und in den Stürmen des Lebens.

Was immer du brauchst, um dem Himmel nah zu sein, ich wünsche dir, dass du deinen Weg dorthin findest, oder dass du ihn vielleicht schon gefunden hast.

Ich wünsche dir Licht und Liebe und Gottes Segen! Sei immer beschützt!

Ich schicke dir Licht

Ich schicke dir Licht und Liebe,
dass sie deinen Tag
und dein Leben hell machen.

Ich schicke dir einen Engel,
der dich in den Arm nimmt,
dich tröstet und deine Wunden heilt.

Ich schicke dir tausend Sonnenstrahlen,
die in dein Herz fallen,
und deine Welt bunt und schön machen.

Ich schicke dir den Wind,
der deine Sorgen und Ängste davon weht,
und sie für immer vertreibt.

Ich wünsche dir Vertrauen,
in dich selbst und in das Leben,
damit du voller Zuversicht nach vorne schauen kannst.

Ich wünsche dir inneren Frieden und Gelassenheit,
damit du in Ruhe und Zufriedenheit
dein Leben genießen kannst.

Ich wünsche dir das Wissen,
um das Gute in der Welt und in den Menschen,
damit deine Schritte im Leben leicht sind.

Ich wünsche dir Glauben an Gott und seine Liebe,
damit du weißt, dass du niemals alleine bist.

Ich wünsche dir, dass das Licht, das du in dir trägst,
auch nach außen leuchten kann.

Ich wünsche dir, dass du so bist wie du sein willst,
ohne dich zu verbiegen und zu beugen.

Ich wünsche dir von ganzem Herzen
ein schönes Leben!

Ich schick dir einen Sonnenstrahl

Ich schick dir einen Sonnenstrahl,
der in die Seele fällt,
er leuchtet aus den Augen,
bringt Licht in deine Welt.

Er lässt die Sterne funkeln
und die Blumen blühn,
vertreibt schnell alle Wolken
und macht die Wiesen grün.

Die Welt wird voller Farben
und alles Dunkel hell,
er lässt das Leben fließen,
vertreibt die Sorgen schnell.

Und geben wir ihn weiter,
es kostet gar kein Geld,
erfreut er viele Menschen,
verändert ihre Welt.

Freude macht das Leben schön

Lass uns bunte Bilder malen,
Lieder singen, fröhlich sein,
lass uns die Natur bestaunen,
tanzen in den Sonnenschein.

Lass uns Blumenkränze flechten,
barfuss laufen durch das Gras,
unbeschwert wie Kinder sein,
einfach etwas tun aus Spaß.

Komm, wir lassen Drachen steigen,
spielen dort im Wald verstecken,
lass uns Feen und Elfen suchen,
so vieles gibt es zu entdecken.

Am Meer lass uns ´ne Sandburg bauen,
und Muscheln sammeln dort am Strand,
lass uns das Leben neu entdecken,
gemeinsam gehen Hand in Hand.

So frei und unbeschwert wie Kinder
vertrauensvoll ins Leben gehn,
was haben wir schon zu verlieren,
denn Freude macht das Leben schön.

Frühlingstag

Ein Tag so schön, wie von Gott gemacht,
hoch oben vom Himmel die Sonne lacht,
auf den Wiesen die schönsten Blumen blühn,
der Wald und das Gras sind herrlich grün.

Und auf den Höhen der Bergesspitzen
siehst du den letzten Schnee noch blitzen.
Schmetterlinge tanzen in der Luft,
ein Tag erfüllt von Frühlingsduft.

Ich frag dich, was kann es Schöneres geben,
als draußen in der Natur zu leben,
eins sein, mit sich und der ganzen Welt,
dort unterm weiten Himmelszelt.

Ein Geschenk des Himmels ist dieser Tag,
an dem ich gar nicht nach Hause mag,
nur einfach den Frieden um mich spüren,
ein kleines Stück vom Himmel berühren.

Die schönsten Geschenke

Die schönsten Geschenke im Leben
kann Gott allein uns geben.
Er schenkt uns Liebe und Vertrauen,
um getrost nach vorn zu schauen.
Er gibt uns Mut und Zuversicht,
lässt leuchten unser Lebenslicht.
Bei ihm, da ist Geborgenheit,
zu helfen ist er stets bereit.
Er schickt uns Licht und Sonnenschein,
sagt: „Ich werd immer bei dir sein."

Und sollt es uns mal schlecht ergehen,
gibt er uns Kraft um aufzustehen.
Schickt Hilfe auch durch Menschenhand,
die in der Not er uns gesandt.
Auch Freude kann man mit ihm teilen,
und wie ein Kind zum Vater eilen.
Er will uns alle glücklich sehen,
vertrauensvoll ins Leben gehen.

So lasst uns hin zum Himmel schauen
und auf Gottes Güte bauen,
das Leben in die Hände nehmen,
und jeden Tag das Beste geben.
Ob Regen oder Sonnenschein,
Gottes Liebe wird stets bei uns sein,
denn jeder von uns ist sein Kind,
er liebt uns alle wie wir sind.

Gottes Liebe

Wohin ich auch gehe,
du bist schon da,
was ich auch tue,
du bist mir nah.

Und fühle ich Liebe,
so ist sie von dir,
trage sie stets im Herzen,
sie ist immer bei mir.

Und wird mein Weg steinig,
dann rufe ich dich,
du hilfst mir weiter,
und leitest mich.

Du trägst mich auf Händen,
wird der Weg mir zu schwer,
nimmst mich in die Arme,
denn du liebst mich so sehr.

Hier bin ich mein Vater,
will dir stets vertrauen,
mit dir schaffe ich alles,
auf dich kann ich bauen.

Du schenkst mir die Freude,
lässt leuchten dein Licht,
ich sag einfach DANKE,
mehr weiß ich jetzt nicht.

Ich bin ganz bewegt,
tief im Herzen berührt,
denn ich habe gerade
deine Liebe gespürt.

Sie ist so tief,
wie ein strahlendes Licht,
berührt alle Sinne,
sie verlässt mich nicht.

Nimmt mir alle Ängste,
gibt Hoffnung und Mut,
und vertraue ich dir,
dann wird alles gut.

Frei wie ein Adler

In luftigen Höhen ist deine Welt,
dort ziehst du deine Kreise.
Wie gerne würde ich dir folgen,
auf deiner Höhenreise.

Du breitest deine Flügel aus,
lebst deine Freiheit jeden Tag.
Ein wenig frei sein, so wie du,
das ist es, was ich gerne mag.

Doch dazu braucht es ganz viel Mut,
braucht Zuversicht und auch Vertrauen,
denn nur wenn man sich sicher fühlt,
kann man zu den Höhen schauen.

So wünsch ich mir dies Urvertrauen,
Gott mag es mir jetzt geben,
damit ich frei, so wie ein Adler,
und unbeschwert kann leben.

Mein Schutzengel

Du bist da, wenn ich dich brauche,
aber ich kann dich nicht sehen,
du breitest deine Flügel aus,
wirst immer zu mir stehen.

Du bist so voller Liebe,
und hältst mich immer fest,
wenn ich den Mut verliere,
die Hoffnung mich verlässt.

Du bist ein starker Helfer,
in jeglicher Gefahr,
trägst mich auf deinen Armen,
ich nehme es oft nicht wahr.

Ich danke dir von Herzen,
für die Begleitung durch mein Leben,
will in Zukunft achtsam spüren,
wenn deine Hände mich umgeben.

Will alle Freude mit dir teilen,
und alles Schöne, das es gibt,
es tut so gut zu wissen,
ich werde von dir geliebt.

Ohne dich

Ohne dich wäre meine Welt nur halb so schön,
wollte ohne dich nicht durchs Leben gehn.
Fühle mich geborgen, wenn du bei mir bist,
hab dich manchmal schon am Morgen vermisst.

Ohne dich, da wäre mein Leben so leer,
dann freute mich selbst die Sonne nicht mehr.
Die Tage, sie wärn für mich dunkel und grau,
und wäre der Himmel auch noch so blau.

Ohne dich hätte ich vieles nicht geschafft,
du gibst mir Wärme und ganz viel Kraft.
Tausend Dinge, die will ich nur mit dir tun,
es ist so schön in deinen Armen zu ruhn.

Ohne dich, nein daran will ich nicht denken,
wem sollte ich dann meine Liebe schenken.
Denn du, du bist genau richtig für mich,
du bist mir so wichtig, ich liebe dich!

Glückliche Träume

Sieh das Lächeln eines Kindes,
ist es nicht das wahre Glück,
seine Augen leuchten sehen,
gibt Vertrauen mir zurück.

Vertrauen in die Kraft des Himmels,
die dieses Wesen glücklich macht,
lässt manches Dunkel mich vergessen,
wie eine schöne Sternennacht.

Die Augen leuchten wie die Sterne,
wenn ein Mensch noch glücklich ist,
und nicht vor lauter Angst und Sorgen,
das Schöne in der Welt vergisst.

Drum mögen deine Augen leuchten,
du wunderbares Menschenkind,
mögen Engel dich beschützen,
dass deine Träume glücklich sind.

für meine Tochter Claudia

Weißt du wo die Liebe wohnt?

Weißt du wo die Liebe wohnt?
Sie wohnt ganz tief im Herzen drin,
du kannst sie spüren, kannst sie fühlen,
schau nur einmal genauer hin.

Liebe fühlen für sich selber,
für die Menschen, für die Welt,
und für alle Lebewesen,
unterm weiten Himmelszelt.

Liebe bringt uns Licht ins Leben,
macht die Tage hell und schön,
lässt die Augen glücklich strahlen,
mit Zuversicht nach vorn uns sehn.

Liebe bringt den Menschen Hoffnung,
Hass und Streit sind schnell vorbei,
sie bringt Verständnis füreinander,
macht das Herz von Kummer frei.

Liebe, dieses Zauberwort,
bringt uns Frieden in die Welt,
doch man kann sie nirgends kaufen,
sie ist bezahlbar nicht mit Geld.

Liebe kann man nur verschenken,
jeden Tag ein kleines Stück,
und je mehr man davon schenkt,
umso mehr kommt auch zurück.

Geist Gottes

Du Geist der Weisheit, der über allem schwebt,
der in den Seelen der Menschen lebt.

Du Geist, der uns führt ein Leben lang,
der bei uns ist von Anfang an.

Du Geist der Güte und Barmherzigkeit,
der uns tröstet und hilft zu jeder Zeit.

Du Geist der Liebe, du helles Licht,
du gibst uns Hoffnung und Zuversicht.

Du Geist der Wahrheit, der das Gute lehrt,
du zeigst uns des Lebens wahren Wert.

Du Geist des Allmächtigen, der alles schafft,
du gibst uns Mut, Vertrauen und Kraft.

Du Geist des Vaters, der alle Menschen liebt,
vereine alle Völker, damit es Frieden gibt.

Komm aus deiner Höhle

Wo sind sie, deine Träume,
wo sind sie nur geblieben,
du sitzt in deiner Höhle drin,
und kannst dich selbst nicht lieben.

Alles scheint nur grau in grau,
du kannst nicht mal die Sonne sehen,
obwohl sie doch vom Himmel strahlt,
siehst du nur dunkle Wolken stehen.

Was ist denn nur mit dir geschehen,
hast du denn kein Vertrauen mehr,
dass dir das Leben sinnlos scheint,
so ohne Freude und so leer.

Heb deinen Kopf und sieh nach oben,
von dort kommt dir das Licht entgegen,
das dich begleitet jeden Tag,
auf allen deinen Lebenswegen.

So komm heraus aus deiner Höhle,
die Welt hier draußen ist so hell,
wenn du dir eine Chance gibst,
vergehen deine Sorgen schnell.

Du hast das Zepter in der Hand,
und kannst dein Leben selbst bestimmen,
kannst in der Höhle sitzen bleiben,
oder noch einmal neu beginnen.

Göttliches Licht

Das göttliche Licht
oft sehen wir's nicht,
sind zu sehr gefangen,
in ängstlichem Bangen.

Können Altes nicht lassen,
nichts Neues anfassen,
von Glauben keine Spur,
bedauern uns nur.

Sind traurig und allein,
wahren nach außen den Schein,
sehen nirgends ein Licht,
und trauen uns nicht.

Einfach vorwärts zu gehen,
in die Zukunft zu sehen,
mit Glauben und Vertrauen,
nach vorne zu schauen.

Hinausgehen ins Leben,
unser Bestes zu geben,
und fürchten wir uns nicht,
dann sehen wir das Licht.

Neue Gedanken

Die alten Gedanken mag ich nicht mehr,
ich will nur noch neue denken,
die alten Ängste, ich lege sie ab,
Vertrauen soll mein Leben lenken.

Voller Hoffnung will ich vorwärts schauen,
Vergangenes lass ich zurück,
was gewesen ist, es ist vorbei,
ich vertraue auf das Glück.

Was ich erlebt hab, hat mich geformt,
zu dem, was ich bin, gemacht,
es hat mir Tränen, doch auch Gutes
in mein Leben gebracht.

Höhen und Tiefen, heut sage ich ja,
alles hatte seinen Sinn,
wenn ich an Gottes Liebe denke,
weiß ich, dass ich geborgen bin.

So will ich ihn gehen, meinen Weg,
getrost an Gottes Hand,
bis er mich einmal führen wird,
nach Hause – ins Heimatland.

Ein himmlischer Begleiter

Ich führe dich auf Gottes Pfaden,
ganz sanft durch diese schöne Welt,
beschütze dich mit meinen Flügeln,
dort unterm weiten Himmelszelt.

Drum geh, du liebes Menschenkind,
vertrauensvoll durchs Erdenleben,
den Segen für die Weltenreise,
hat dir dein Vater mitgegeben.

Geh deinen Weg durch Berg und Tal,
voll Hoffnung und voll Zuversicht,
die Seele wird den Weg dir zeigen,
dir leuchten wie ein Himmelslicht.

Und ganz egal wohin du gehst,
jetzt und zu allen Zeiten,
so wird dich Gottes Liebe stets,
ein Leben lang begleiten.

Frühlingserwachen

Der Frühling zieht nun in das Land,
macht alles bunt und hell.
Die Sonne strahlt vom blauen Himmel,
vertreibt des Winters Dunkel schnell.

Die Bäume treiben erste Knospen,
und aus der Erde Blumen sprießen.
Ein Tag wie Samt und Seide,
wie schön, ihn zu genießen.

Die Vögel singen in den Zweigen
schon ihre schönsten Lieder.
So lange haben wir gewartet,
endlich kommt der Frühling wieder.

Oh Mensch lass alle Trübsal sein,
und geh der Sonne entgegen.
Öffne ihr ganz weit dein Herz,
es bringt dir Glück und Segen.

Denn alle Kräfte werden neu,
nach dieser langen Winterszeit.
Wir brechen auf zu neuem Tun,
das Leben in uns ist bereit.

Bereit zu singen, sich zu freuen,
zu lachen und zu leben.
Das Beste ist grad gut genug,
was kann es Schöneres geben.

Ich mach mich auf, nehm dankbar an,
was mir das Leben bringt.
Mit eigener Kraft und Gottes Hilfe,
so manches wohl gelingt.

Lebendigkeit

Ich begrüße die Lebendigkeit,
die in die Seele dringt,
die Freude tief im Herzen,
wenn alles in mir singt.

Wenn Flügel mich erheben,
aus dem Alltagsgrau,
es ist so schön zu schweben,
wenn ich zum Himmel schau.

Es sprühen tausend Funken,
der Tag, er wird ganz hell,
die Sorgen sind verschwunden,
die Welt, sie dreht sich schnell.

Die Schmetterlinge tanzen
auf einem Sonnenstrahl,
die Sonne wärmt die Erde,
hinunter bis ins Tal.

Ich träume, tanze, singe,
denn jetzt ist meine Zeit,
bin dankbar für das Schöne
in meiner Lebenszeit.

Es ist an der Zeit

Es ist an der Zeit den Ruf zu hören,
der tief in deinem Herzen klingt,
mach dich auf, dem Weg zu folgen,
der dir Glück und Freude bringt.

Es ist an der Zeit, dich selbst zu entdecken,
zu wissen, wer du wirklich bist,
und das zu tun, was du gut kannst,
was deine Aufgabe im Leben ist.

Es ist an der Zeit, auf dich selbst zu hören,
deine Träume nun zu leben,
durch dein Lachen und deine Liebe,
kannst du Menschen so viel geben.

Du gibst ihnen Freundschaft und Verständnis,
kannst Kinder zum Lachen bringen,
sei fröhlich und sei unbeschwert,
das bringt dein Herz zum Klingen.

Gott gibt dir alles was du brauchst,
begleitet dich durchs Leben,
und wenn du ihn um Hilfe bittest,
so wird er sie dir geben.

Drum geh mit Mut, geh Schritt für Schritt,
voller Hoffnung und Vertrauen,
wenn du erst deine Stärke fühlst,
kannst du getrost nach vorne schauen.

Dein Leben, es gehört ja dir,
entscheide was du daraus machst,
denn es liegt ganz allein bei dir,
ob du Trübsal bläst oder lachst.

Gott will doch, dass du glücklich bist,
er schenkte dir das Leben,
drum schau dich um in dieser Welt,
es wird für dich viel Schönes geben.

Keine Liebe geht verloren

Keine Liebe geht jemals verloren,
keine Liebe, die im Himmel geboren,
und trennen uns Welten, Berge und Seen,
so werden wir uns doch wieder sehn.

Die Liebe hält allen Stürmen stand,
verbindet uns über Zeit und Land,
sie trägt uns auch durch das tiefste Tal,
sie ist immer da, lässt uns keine Wahl.

Sie fliegt mit dem Wind über Höhen dahin,
gibt unserem Leben einen tiefen Sinn,
lässt uns träumen nachts bei Mondenschein,
gibt das Gefühl, du bist niemals allein.

Sie lässt dich strahlen, tanzen und singen,
was du auch anfängst, es wird dir gelingen,
Sie schenkt dir Freude und Zuversicht,
lässt hell erstrahlen dein Lebenslicht.

Sie erfüllt dich stets mit schönen Gedanken,
die Herz und Sinn mit Freude auftanken.
Sie macht dich glücklich, bei Tag und bei Nacht,
auch dann, wenn mal die Sonne nicht lacht.

Keine Liebe geht jemals verloren,
keine Liebe, die im Himmel geboren,
sie lebt auch weiter über Raum und Zeit,
und strahlt selbst hinein in die Ewigkeit.

Geschenke des Lebens

Was dir das Leben Gutes schenkt,
nimm es stets dankbar an,
das höchste Glück auf Erden ist,
wenn man sich freuen kann.

Geh deinen Weg geradeaus,
wohin dein Herz dich führt,
und achte auf den Augenblick,
der dich ganz tief berührt.

Nicht immer nur durchs Leben hasten,
dir öfter eine Pause gönnen,
Geduld und Ruhe stets bewahren,
auch mit Freude rasten können.

Mit lieben Menschen sich umgeben,
einfach tun was Freude macht,
singen, tanzen, musizieren,
bis das Herz vor Freude lacht.

Im Schatten eines Baumes sitzen,
Schmetterlinge tanzen sehn,
den Duft von Rosen zu genießen,
das alles macht das Leben schön.

Und Gottes Liebe und sein Segen,
sie werden dich begleiten,
egal was du auch immer tust,
jetzt und zu allen Zeiten.

Glück und Frieden

Aus der Tiefe steige ich empor,
das Licht des Himmels anzuschauen,
und aller Kummer bleibt zurück,
ich will nun auf die Zukunft bauen.

Auf das Talent, das mir gegeben,
das jedem Menschen innewohnt,
das uns vom Himmel mitgegeben,
und das es zu entdecken lohnt.

Ich dank dafür und schenk es weiter,
dass es den Menschen Freude bringt,
trag so ein wenig dazu bei,
dass Leben auf der Welt gelingt.

Denn wenn wir geben und auch nehmen,
wird unser Leben plötzlich leicht,
dann brauchen wir nicht mehr zu streiten,
und Glück und Frieden sind erreicht.

Lass dich fallen

Lass dich einfach fallen,
in die Stille dieser Nacht,
dein Engel ist stets bei dir,
der deinen Schlaf bewacht.

Lass dich einfach fallen,
ruhig und still in Gottes Hand,
er will stets dein Bestes,
hat den Engel dir gesandt.

Lass dich einfach fallen,
und vergiss all deine Sorgen,
bald wird es dir besser gehen,
denn es kommt ein neuer Morgen.

Lass dich einfach fallen,
in Hoffnung und in Zuversicht,
die Schatten werden schnell verblassen,
denn jeder Tag bringt neues Licht.

Lass dich einfach fallen,
in das Leben, in dein Glück,
dann wird Gott dich führen,
und die Freude kehrt zurück.

Den Himmel berührt

Oft bin ich mir fremd,
weiß nicht wer ich bin.
Mein Gefühl sagt zu mir:
„So hör doch mal hin!

Ich kann dir sagen,
wer du wirklich bist,
und was der Sinn
deines Lebens ist.

Doch du hörst nie zu,
plapperst immer nur los.
Suchst hier und suchst da,
wo ist der Sinn bloß?

Setz dich einfach mal hin,
schalt die Gedanken aus,
und komme zur Ruhe,
sei bei dir zuhaus.

Lass den Verstand
und die Logik sein,
und höre ganz tief
in dein Inneres hinein.

Sei achtsam und still,
du musst gar nichts tun,
und lass deine Gedanken
einfach nur ruhn.

Aus der Tiefe in dir
deine Seele spricht,
sie zeigt dir den Weg,
denn sie ist dein Licht.

Sie weiß wer du bist,
wohin dein Weg führt,
denn sie hat schon längst
den Himmel berührt."

Es ist November in meiner Seele

Es ist November in meiner Seele,
ich suche Hilfe und finde sie nicht,
niemand ist da, der die Hand mir reicht,
es ist dunkel und nirgends ein Licht.

Ich muss das tiefe Tal durchschreiten,
mag es kosten, was immer es will,
erst dann werden meine Wunden heilen,
mein Leben wird wieder ruhig und still.

Die Sonne wird dann wieder scheinen,
die Tage werden hell und schön,
mein Leben kann ich dann genießen,
voller Hoffnung in die Zukunft sehn.

Ich mache mich auf und suche weiter,
irgendwo muss es doch Hilfe geben,
ich schaue hoch, hinauf zum Himmel,
und bitte um Hilfe für mein Leben.

Dann sehe ich, wie ein Regenbogen
Himmel und Erde fest verbindet,
sein Leuchten gibt mir wieder Hoffnung,
dass sich für mich noch Hilfe findet

März

2013

27
Mittwoch

Freut euch in dem Herrn allezeit! Wiederum will ich sagen: Freut euch!

Philipper 4,4

Micha 4,1–14
Sprüche 28,20–28

Notizen:

Postfach 100153 • D-42490 Hückeswagen • www.csv-verlag.de • Gottes Wort für jeden Tag 2013

Adieu ihr Sorgenfalten

Ich will sie nicht behalten,
die alten Sorgenfalten,
ich will sie nicht mehr tragen,
und will was Neues wagen.

Was sollen sie mir nützen?
Sie können mich nicht schützen.
Sie können mir nichts geben,
verleiden mir das Leben.

Zu gar nichts sind sie gut,
sie nehmen mir den Mut,
sie bringen keine Wonne,
nur Schatten vor die Sonne.

Drum werde ich sie vertreiben,
sollen sehn, wo sie dann bleiben,
werde mir was Neues suchen,
und mal die Freude buchen.

Mit Hoffnung und Vertrauen,
will ich nach vorne schauen,
und bald, ich werde es sehen,
wird alles besser gehen.

Und eh ich es gedacht,
die Sonne wieder lacht,
vertreibt das Dunkel schnell,
und macht mein Leben hell.

Im Garten der Natur

Im schönen Garten der Natur,
da bist du auf des Lebens Spur.
Die Sonne strahlt ganz tief ins Herz,
und vertreibt schnell Sorge und Schmerz.

Das Leben wird viel heller,
und Wunden heilen schneller.
Endlich bist du angekommen,
und jeder Stress wird dir genommen.

Du fühlst dich frei und unbeschwert,
das Leben, es ist lebenswert.
Überall ist Blumenduft,
ein Schmetterling tanzt in der Luft.

Lass altes los, du brauchst es nicht,
und freu dich übers Sonnenlicht.
Genieße jeden schönen Tag,
den dir der Himmel schenken mag.

Sei dankbar für dein Leben,
das dir von Gott gegeben.
Versuche positiv zu denken,
Glück wird dann dein Leben lenken.

Mein Freund, der Baum

Unter deinem Blätterdach
sitze ich und denke nach.
Wo komme ich her, wo gehe ich hin,
wie finde ich des Lebens Sinn?

In deinem Schatten geht's mir gut,
finde wieder neuen Mut,
hier finde ich Geborgenheit,
die Welt, sie trägt ein schönes Kleid.

In der Natur, da kann ich spüren,
wie Himmelskräfte mich berühren.
Hier kann ich atmen, völlig frei,
als ob die Welt voll Frieden sei.

Nur einfach sein und gar nichts müssen,
du bist mein sanftes Ruhekissen.
Hier ist es ruhig, hier ist es schön,
ich möchte am liebsten nie mehr gehn.

Doch einmal ist die Zeit vorbei,
kein Mensch ist immer völlig frei,
dann muss ich wieder weitergehn,
doch ich kann sagen, es war schön.

Seelenleben

Du zeigst so wenig von dir,
lässt nur dein Äußeres sehn,
ich würde so gerne mit dir
in die Tiefe der Seele gehn.

Denn vieles ist so kostbar,
was tief in dir versteckt,
du lässt dein Licht nicht leuchten,
dass niemand es entdeckt.

Die Seele, sie will leben,
es drängt sie immerzu,
auch wenn du sie jetzt einsperrst,
sie lässt dir keine Ruh.

Befrei dich von den Fesseln,
die du dir selbst gegeben,
und gönn dir deine Freiheit,
lass deine Seele leben.

Glück

Träume nur, du darfst ruhig träumen,
auch Träume werden wahr,
wo Hoffnung ist und Zuversicht,
da ist dein Glück ganz nah.

Vieles kannst du dir erfüllen,
wenn du auf dich vertraust,
im Frieden mit dir selber bist,
und auch zum Himmel schaust.

Denn Gott, der dir dein Leben schenkt,
will dass du glücklich bist,
und was du brauchst das gibt er dir,
weil er dich nicht vergisst.

Das Glück, glaub mir, das findest du
niemals im Strudel dieser Zeit,
doch wenn du einmal innehältst,
spürst du, das Glück ist gar nicht weit.

Steh auf

Steh auf, steh endlich wieder auf,
und lass das Klagen sein,
hast dich genug gequält,
und warst zu lang allein.

Geh hinaus in die Natur,
sieh dir die Blumen an,
es gibt doch so viel Schönes,
das dich erfreuen kann.

Der Wind weht die Gedanken
und deinen Kummer fort,
du kannst dich wieder freuen,
die Welt, sie ist ein schöner Ort.

Nur deine Sicht der Dinge
bestimmt letztlich dein Leben,
und willst du etwas ändern,
darf's keinen Stillstand geben.

Wach endlich wieder auf,
fang heut noch an zu leben.
Was hast du zu verlieren?
Darfst Chancen nicht vergeben!

Aufgewacht

Die Gedanken sind erwacht,
nach einer dunklen Nacht,
neue Wege will ich gehen,
niemals mehr abseits stehen.

Mich dem Leben wiedergeben,
will nun nach Neuem streben,
mit Mut und mit Vertrauen
auf meine Zukunft bauen.

Auf der Suche nach dem Glück,
schaue ich nicht mehr zurück,
nehme des Lebens Fülle an,
weil ich es endlich wieder kann.

Habe gelernt, ich bin frei,
egal, was auch immer sei,
Gott ist mit mir auf dem Weg,
über jeden schmalen Steg.

Hilft mir alles zu überwinden,
um mein Glück nun doch noch zu finden,
ich weiß, er wird mir Freude geben,
und ein schönes, erfülltes Leben.

Gottes Botschaft, sie heißt Leben

Auferstanden von den Toten,
zurück blieb nur das leere Grab,
Leben heißt die frohe Botschaft,
die Jesus einst den Menschen gab.

Was er tat aus reiner Liebe,
dankten sie ihm damals nicht,
haben es wohl nicht verstanden,
hielten über ihn Gericht.

Seine Botschaft, sie lebt weiter,
heute noch, in unsrer Zeit.
Doch wenn Jesus zu uns kommt,
sind wir für sein Wort bereit?

Hass und Kriege, viele Plagen,
quälen Menschen heute schwer,
haben es noch nicht verstanden,
ihre Herzen, sie sind leer.

Gehen oft auf falschen Wegen,
sehen Gottes Liebe nicht,
wollen alles nur beherrschen,
ihnen fehlt die klare Sicht.

Wann, oh Gott, regiert die Liebe,
beendet allen Hass und Streit,
lässt das Leben neu erwachen,
beendet aller Menschen Leid?

Sende deine Himmelsboten
immer wieder in die Welt,
lass uns nicht verloren gehen
unter deinem Himmelszelt.

Glaube, Hoffnung und die Liebe,
lass sie für uns Wahrheit werden,
so kann das Leben endlich siegen,
bei uns Menschen hier auf Erden.

Kleine Kinder sind wie Engel

Kinder sind wie kleine Engel,
wollen gerne spielen gehen,
wollen singen, tanzen, lachen,
ihre Welt voll Freude sehen.

Ihre Herzen sind empfindsam,
ihre Seelen noch so rein,
sie sind wichtig für uns alle,
lasst sie bitte nie allein.

Ihre Sorgen, ihre Nöte
dürfen wir nicht übersehen,
denn sonst könnten ihre Seelen
schnell daran zugrunde gehen.

Sie brauchen Liebe und Verständnis,
das Gefühl gesehn zu werden,
eine Hand, die sie geleitet,
durch die Klippen hier auf Erden.

Nicht nur Körper brauchen Pflege,
auch die Seele will gut leben,
lasst uns immer darauf achten,
dass wir ihr auch Nahrung geben.

Kleine Kinder sind wie Engel,
machen unser Leben hell,
doch verletzte Kinderseelen,
die zerbrechen oft sehr schnell.

Drum ihr Eltern lasst uns spüren,
was uns da von Gott geschenkt,
und uns immer darauf achten,
dass unser Tun die Liebe lenkt.

Frei sein wie ein Schmetterling

Schmetterlinge wollen fliegen,
wollen nicht gefangen sein,
ihre schönen bunten Flügel
spiegeln sich im Sonnenschein.

Wie sie tanzen in den Lüften,
lassen tragen sich vom Wind,
spüren die Lebendigkeit,
wie ein kleines Menschenkind.

Frei sein wie ein Schmetterling,
hoch oben in den Lüften schweben,
singen, tanzen und sich freuen,
ja, das macht es schön das Leben.

Himmlische Begleiter

Engel sind auf deinen Wegen,
bringen dir Schutz und Gottes Segen,
sind deine Freunde zu aller Zeit,
dir Hilfe zu geben immer bereit.

Und kommst du an im Erdenland,
dann nehmen sie sachte deine Hand,
hüllen dich ein mit ihren Schwingen,
so kann dir im Leben alles gelingen.

Sie sind dein Licht in dunkler Nacht,
haben dich lieb, geben stets auf dich acht,
egal wo du bist, du bist niemals allein,
stets werden die Engel bei dir sein.

Sie sind deine Helfer in jeglicher Not,
selbst wenn dir Gefahr und Unheil droht,
sie wollen auch gerne mit dir lachen,
singen und tanzen, und Späße machen.

Du kannst sie spüren Menschenkind,
sie berühren dich wie eine Feder im Wind,
in ihrem Schutz bist du geborgen,
mit allen deinen Alltagssorgen.

Ich bin

Ich bin der Weg in meinem Leben,
ein Mensch, von Gott gemacht.
Ich bin das gestern, heute, morgen,
der Tag und auch die Nacht.

Ich bin die dunklen Stunden,
und auch das helle Licht.
Ich bin Zuversicht und Freude,
und auch „ich kann das nicht".

Ich bin die Furcht, das Dunkel,
der Mut und das Vertrauen.
Ich bin gefesselt und gebunden,
und frei zum Vorwärtsschauen.

Ich bin zurückhaltend und ängstlich,
ein Mensch, der auch verzagt.
Ich bin die Liebe und das Leben,
ein Mensch, der etwas wagt.

Ich bin ganz einfach wie ich bin,
und so von Gott gemacht.
Ich bin ein Teil des Himmels,
von dem die Sonne lacht.

Ich will leben

Endlich will ich leben,
von den Fesseln mich befrein,
will den Menschen um mich zeigen:
„Jeder Mensch darf glücklich sein!".

Gottes Botschaft, sie heißt Leben,
sich nicht vor der Welt verstecken,
wie die Pflanzen und die Bäume,
sich einfach in die Höhe recken.

Die Sterne leuchten dir im Dunkeln,
und selbst in der tiefsten Nacht,
steht dein Engel dir zur Seite,
der über deine Seele wacht.

So komm, du Mensch, sei mutig,
geh stets geradeaus,
und komm aus deinen Sorgen
doch endlich einmal raus.

Schau her, es winkt das Leben,
es will sich jetzt entfalten,
will singen und will tanzen,
nicht immer Ruhe halten.

Sieh her, es winkt die Freiheit,
die Gott dir hat gegeben,
er will dich glücklich sehen,
drum schenkte er dir das Leben.

Flügel der Freiheit

Auf den Flügeln der Freiheit
schwebe ich dahin,
so macht es mir Freude
und mein Leben macht Sinn.

Völlig frei zu genießen,
was der Tag mir schenkt,
zu lachen und zu tanzen,
vom Frohsinn gelenkt.

Zu sein wie ein Kind,
völlig unbeschwert,
so will es das Leben,
und ich bin es wert.

Mein Vater im Himmel,
will dass ich mich freue,
so will ich es tun,
und nichts ich bereue.

Denn Lachen und Freude
bringen Gesundheit zurück,
bringen Stärke und Kraft,
und das wahre Glück.

Gipfelstürmer

Lass uns in die Berge gehen,
denn die Sonne scheint so schön,
zu den Gipfeln aufwärts steigen,
die Welt von oben anzusehn.

Die Natur erwacht zum Leben,
am Wegrand bunte Blumen blühn,
Vögel singen in den Bäumen,
die Wiesen sind so herrlich grün.

Weiter oben in den Felsen,
siehst du flinke Gämsen stehn,
hörst die Murmeltiere pfeifen,
musst nur leise weitergehn.

Sieh dort oben über Gipfeln
sich ein Adler stolz erhebt,
es ist so schön ihn anzuschauen,
wie er in den Lüften schwebt.

Kommst du dann zum Gipfelkreuz,
schaust hinunter in das Land,
kannst du es ganz deutlich spüren,
wir alle sind in Gottes Hand.

Ein Paradies auf Erden

Ein Tag aus lauter Sonnenschein,
von Gottes Hand gemacht,
von einem blauen Himmelszelt
die Sonne strahlend lacht.

Die Welt erstrahlt in Gottes Licht,
so könnte es immer sein,
die Liebe und die Freude
scheinen tief ins Herz hinein.

Die Berge stehn gewaltig da,
umrahmt von dunklem Grün,
auf Wiesen und am Wegesrand
die schönsten Blumen blühn.

Vögel singen in den Zweigen,
und eine Lerche sich erhebt,
ein schöner bunter Schmetterling
tanzend durch die Lüfte schwebt.

So still und freundlich scheint die Welt,
ein Paradies auf Erden,
und wenn die Menschen friedlich sind,
dann kann es eines werden.

Kleiner Bach, ein Lebensquell

Von hohen Gipfeln rings umgeben,
fließt der Bach dem Tale zu,
über Felsen und durch Wiesen,
ohne Rast und ohne Ruh.

Murmeltiere, Gämsen, Vögel
begleiten ihn auf seinem Weg,
er bringt Steine aus den Bergen,
reißt hinweg auch manchen Steg.

Fließt meist friedlich durch die Schluchten,
ist für Tiere Lebensquell,
taut im Frühling dann der Schnee,
wird er tobender Gesell.

Bringt uns klares saubres Wasser,
bis hinunter in das Tal,
ob es auch so bleiben wird,
das ist letztlich unsre Wahl.

Der Bergahorn

Seit hunderten Jahren stehst du hier,
bleibst immer am gleichen Ort,
ein kleiner Bach plätschert vorbei,
Menschen kommen und gehn wieder fort.

Du bist an diesem schönen Platz
aus einem Samenkorn entstanden,
die Erde spendet Nahrung dir,
weil deine Wurzeln Halt in ihr fanden.

Du bist gewachsen, groß und stark,
die Sonne schenkte dir ihr Licht,
auch wenn dich mancher Sturm geschüttelt,
umwerfen konnte er dich nicht.

Deine Krone spendet Schatten,
bietet Vögeln Lebensraum,
wenn sich im Herbst die Blätter färben,
ist dein Anblick wie ein Traum.

Eine Bank steht in deiner Nähe,
sie lädt zum Rasten und Ruhen ein,
und Kinder spielen zu deinen Füßen,
doch am Abend bist du wieder allein.

Ich komme immer gern zu dir,
doch nun muss ich nach Hause gehn,
im nächsten Jahr, so hoffe ich,
werde ich dich wieder sehn.

Die Frau, die durch die Schatten ging

Die Frau, die durch die Schatten ging,
sie suchte nach des Lebens Sinn,
suchte nach Hoffnung und nach Licht,
doch sie fand es leider nicht.

Sie ging durch ein tiefes Tal,
hatte keine andere Wahl.
Der Weg war steinig und so schwer,
ihr Herz, es war unendlich leer.

Wer gibt ihr Mut, gibt ihr Vertrauen,
um hoffnungsvoll nach vorn zu schauen,
um ihren Weg doch noch zu finden,
das tiefe Tal zu überwinden?

Nur der Glaube gibt ihr Kraft,
dass sie es irgendwann doch schafft,
die tiefen Schatten überwindet,
das Licht am Ende doch noch findet.

Die Frau, die durch das Feuer ging

Die Frau, die durch das Feuer ging,
bis an ihre Grenzen hin,
erlebte viel Schmerz und Leid,
schaute in die Unendlichkeit.

Durch das Leben geprüft und gestählt,
durch das Schicksal ausgewählt,
Menschen zu helfen, sie zu begleiten,
durch des Lebens Widrigkeiten.

Zu trösten und Hilfe zu geben,
für ein gutes erfülltes Leben,
um zu erfahren, Feuer gibt Kraft,
die Wärme und Geborgenheit schafft.

Die Frau, die durch das Feuer ging,
begegnete sich selbst darin,
sie geht nun ihren Weg durchs Leben,
kann ihre Erfahrungen weitergeben.

Die Frau, die mit den Schatten tanzt

Auf den Tag folgt die Nacht,
auf die Sonne der Regen,
sie tanzt durch die Schatten,
dem Licht entgegen.

Von Hoffnung beflügelt,
wie ein sanfter Wind,
gleitet sie dahin,
durch der Schatten Labyrinth.

Auf die Nacht folgt der Tag,
auf die Schatten das Licht,
ist es jetzt auch noch dunkel,
so verzagt sie doch nicht.

So stark wie ein Fels,
voller Glauben und Mut,
die Sonne im Herzen,
sie weiß, es wird gut.

Von Engeln bewacht

Bei Tag und bei Nacht
dich ein Engel bewacht,
gibt Schutz dir und Segen,
auf all deinen Wegen,
ist dein Freund alle Zeit,
stets zu helfen bereit.

Kann dich trösten und tragen,
auch in dunklen Tagen,
kann Freude mit dir leben,
und Hoffnung dir geben.
Darum fürchte dich nicht,
er bringt dir Liebe und Licht.

Du kannst ihm alles sagen,
kannst um Rat ihn stets fragen,
er hört dir immer zu,
schenkt dir Frieden und Ruh.
Er ist immer für dich da,
und deinem Herzen ganz nah.

Drum sei wachsam und bereit,
denn jetzt ist es an der Zeit,
deinen Engel zu spüren.
So lass dich berühren,
von seiner Liebe, seinem Licht,
und fürchte dich nicht.

Zurück ins Leben

Hier bin ich Herr,
und mach mich auf den Weg ins Leben,
gab es auch manche Tiefen,
so wird's auch wieder Höhen geben.

Hier bin ich Herr,
will lernen zu vertrauen,
und wenn ich mutig weitergeh,
kann ich auch wieder vorwärts schauen.

Hier bin ich Herr,
ich weiß, du lässt mich nie allein,
auch wenn ich es nicht immer spüre,
du wirst doch immer bei mir sein.

Hier bin ich Herr,
es gab so viel zu überwinden,
ich mache mich noch einmal auf,
den Weg auch zu mir selbst zu finden.

Hier bin ich Herr,
es macht mich froh mit dir zu gehn,
das Herz wird mir dann leichter,
und auch der Tag wird wieder schön.

Hier bin ich Herr,
gib du mir Hoffnung, gib mir Mut,
an jedem Tag neu zu beginnen,
dann wird am Ende alles gut.

Hier bin ich Herr,
will es noch einmal wagen,
auch wenn ich mich ein wenig fürchte,
zum Leben wieder ja zu sagen.

Hier bin ich Herr,
bin dankbar für mein Leben,
für alles was ich lernen durfte,
und will es gerne weitergeben.

Hab Sonne im Herzen

Hab Sonne im Herzen
und göttliches Licht,
es macht die Welt schöner,
verändert die Sicht.

Lässt die Augen strahlen,
macht das Leben hell,
vertreibt alle Schatten,
und die Sorgen schnell.

Schenkt Vertrauen ins Leben,
gibt Hoffnung und Mut,
beflügelt die Sinne,
und alles wird gut.

So gehst du durchs Leben,
gelenkt und geführt,
es ist Gottes Nähe,
du hast sie gespürt.

Sie gibt Heimat und Schutz,
für dein ganzes Leben,
du bist Gottes Kind,
was kann's Schöneres geben.

Ich liebe das Leben

Mit dem Herzen eines Kindes,
als erwachsene Frau,
im Vertrauen auf Gott,
in die Zukunft ich schau.

Ich folge der Sonne,
ihrem strahlenden Licht,
glaube an das Leben,
und fürchte mich nicht.

Ziehe froh durch die Welt,
durch die schöne Natur,
und folge meinem Traum,
bin dem Glück auf der Spur.

Ich höre es gerne
wenn die Vögel singen,
und liebe den Tanz
von Schmetterlingen.

Die Welt ist so schön,
hat mir viel zu geben,
ich liebe es einfach,
ich liebe das Leben.

Dich hat der Himmel geschickt

Dich hat der Himmel mir geschickt,
du lieber Erdenengel,
warst sicher auch nicht immer brav,
manchmal vielleicht ein Bengel.

Doch mir warst du oft Helfer,
mein Retter in der Not,
und in so manchem Sturm,
kamst du mit deinem Rettungsboot.

Du bist verlässlich, treu und gut,
hilfst immer wo du kannst,
oft brauche ich gar nichts zu sagen,
weil du es längst schon ahnst.

Ob Fahrdienst oder Brötchen holen,
oder als Wegbegleiter,
ist F r a u in irgendeiner Not,
stets hilfst du gerne weiter.

Mein lieber Erdenengel,
du wirst von mir geliebt,
ich danke dir von Herzen,
bin froh, dass es dich gibt.

für Detlef

Lass mich in dein Herz hinein

Lass mich in dein Herz hinein,
dort ist es sicher warm und schön,
ich will mit dir den Mond anschauen,
und die Sterne funkeln sehn.

Ich will mit dir am Morgen lachen,
und am Abend tanzen gehen,
lauter schöne Sachen machen,
und die weite Welt ansehen.

Will mit dir meine Träume leben,
und die Alltagssorgen teilen,
durch die Jahreszeiten wandern,
und in Ruhe auch verweilen.

Ich will mit dir mein Leben teilen,
will wissen was du fühlst und denkst,
ob du bei mir bleiben willst,
mir immer deine Liebe schenkst.

Ich will mit dir durchs Leben gehen,
heute, morgen, jeden Tag,
mit dir im siebten Himmel schweben,
weil ich dich von Herzen mag.

Ich lass dich in mein Herz hinein,
dort brennt ein Feuer nur für dich,
das Feuer brennt ein Leben lang,
und sagt zu dir „ich liebe dich".

Geh deinen Weg

Du gehst nun in die Welt hinaus,
gehst in ein neues Leben,
ich dank dir für die Liebe,
die du mir hast gegeben.

Ich lass dich los und lass dich gehen,
wünsch Glück und Gottes Segen,
Hoffnung, Mut und Zuversicht,
sei mit auf deinen Wegen.

Ich wünsche dir, was du dir wünschst,
Erfolg und schöne Sachen,
ich wünsch dir ganz viel Sonnenschein,
und tausend Stunden Lachen.

Ich wünsche dir Zufriedenheit,
Entspannung jeden Tag,
dass dich die Lebensfreude stets
auf deinem Weg begleiten mag.

Du gehst nun in die Welt hinaus,
meine Liebe wird dich begleiten,
und auch dein Engel geht mit dir,
jetzt und zu allen Zeiten.

für Claudia

Schau in den Himmel

Schau in den Himmel über dir,
es leuchten für dich die Sterne,
sie sagen zu dir „Hab nur Mut,
es gibt Menschen, die haben dich gerne."

Wir stehen zu dir alle Zeit,
was immer auch geschehen mag,
helfen dir durch die dunkle Nacht,
bis hinein in den hellen Tag.

Denn du bist niemals ganz alleine,
in Gedanken sind wir stets bei dir,
gemeinsam ist alles zu schaffen,
ich weiß es, bitte glaube mir.

Dann siehst du die strahlende Sonne,
überm Horizont aufgehen,
sie leuchtet für dich alleine,
du kannst getrost nach vorne sehen.

Und irgendwann wird es leichter,
wird es leichter mit jedem Schritt,
du gehst niemals alleine,
denn wir gehen immer mit.

für Claudia

Herzenswunsch

Damit du gehst auf guten Wegen,
mögen Engel dich begleiten,
dir helfen und dich führen,
heute und zu allen Zeiten.

Sodass du weißt, was richtig,
und wichtig ist im Leben,
dass du dich nicht verirrst,
auf deinen Erdenwegen.

Die Sonne soll dir scheinen,
dich froh und glücklich machen,
damit du oftmals Grund hast,
zum Freuen und zum Lachen.

Und auch die vielen Sterne
am weiten Himmelszelt,
sie sollen für dich leuchten,
hell machen deine Welt.

So sei von Gott gesegnet,
jetzt und an jedem Tag,
das wünsche ich dir von Herzen,
weil ich dich gerne mag.

Den Himmel berühren

Sieh und spür der Sonne Glanz,
sie bringt dir Licht und Freude,
genieße was der Tag dir schenkt,
und keine Zeit vergeude.

Des Himmels Glück gehört auch dir,
Gott hat es dir gegeben,
er will nur, dass du glücklich bist,
er gab dir ja dein Leben.

Des Herzens Freude, lass sie frei,
und halte sie nicht gefangen,
denn jeder Tag ist es doch wert,
ihn fröhlich anzufangen.

So spüre jeden Tag aufs Neue,
wie Gottes Liebe dich berührt,
und dich begleitet Tag und Nacht,
behutsam durch dein Leben führt.

Email an mich

Wer bist du fremdes Wesen,
das ich im Spiegel morgens sehe?
Zeigst du mir offen dein Gesicht,
wenn in den neuen Tag ich gehe?

Was hast du vor mit deinem Leben,
worin besteht dein Lebenssinn?
Willst du nur deine Pflicht erfüllen,
wo sonst führt dich dein Weg noch hin?

Was ist mit deinen Wünschen,
wie sehen deine Träume aus?
Kannst du sie dir erfüllen,
gehst du stets frustriert nach Haus?

Du lässt dich nicht durchschauen,
ziehst lieber eine Maske an,
doch manchmal würdest du gern schreien,
wenn dich niemand sehen kann.

Warum bist du so angepasst,
darf man dein wahres „ich" nicht sehen?
Dein Schöpfer hat dich so gewollt,
du darfst ruhig zu dir selber stehen.

Und niemand hat das Recht zu sagen,
tu dies und lasse jenes sein,
du bist doch längst erwachsen,
entscheiden darfst du ganz allein.

Es geht doch schließlich um dein Leben,
den Weg, der für dich richtig ist,
und nicht darum was andere wollen,
drum zeige dich, so wie du bist.

Unsichtbar

Unsichtbar!
Viel zu lange war ich unsichtbar,
war zwar hier, doch nicht wirklich da.

Unsichtbar!
Ich sah vieles, doch mich selber nicht,
sah im Spiegel niemals mein Gesicht.

Unsichtbar!
Zeigte nur was man sehen will,
zeigte alles, nur nicht mein Gefühl.

Unsichtbar!
Ich lief Menschen hinterher,
wünschte, dass ich auch so wär.

Unsichtbar!
Fragte mich, wer ich wohl bin,
wo ist mein Ziel, wo will ich hin?

Unsichtbar!
Es ist genug, es ist vorbei,
ich mache mich nun davon frei.

Unsichtbar!
Übe jetzt den Neubeginn,
zeige wer ich wirklich bin.

Verlassen

Du hast mich verlassen, ohne ein Wort,
du gingst mit der anderen, gingst einfach fort.
Und ich blieb zurück, war unendlich allein,
es tat mir so weh, wollte bei dir sein.

Es war vorbei, doch nicht für mich,
ich hab so gelitten, denn ich liebte dich.
Du warst meine Welt, warst so vieles mehr,
du warst doch mein Leben, ich liebte dich sehr.

Dich einfach vergessen, das konnte ich nicht,
es war alles so dunkel und nirgends ein Licht.
Hab lange gewartet, auf dich und das Glück,
und immer gehofft, du kommst bald zurück.

Doch du lebtest weiter, einfach ohne mich,
hast mich vergessen, doch ich liebte dich.
Ich konnt's nicht verstehen, was hast du getan?
Denn unsere Liebe fing gerade erst an.

Ich hab dich verloren, ohne Abschied, für immer,
war krank vor Kummer, von Tag zu Tag schlimmer.
Der Schmerz saß so tief, tief im Herzen drin,
ich war so traurig, nichts machte mehr Sinn.

Keine Freude, kein Glück, alles war vorbei.
Dich störte es nicht, war es dir einerlei?
Wie konntest du mich nur so sehr verletzen,
und unsere Liebe aufs Spiel einfach setzen?

Der anderen Frau, der war das egal,
sie wollte nur dich, und traf ihre Wahl.
Doch was war mit dir, war ich dir egal?
Du musstest nicht gehen, du hattest die Wahl!

Du konntest auch bleiben, hätte dir gern vergeben,
denn ich liebte dich, wollte doch mit dir leben.
Aber ohne ein Wort einfach fort zu gehn,
war nicht richtig von dir, war wirklich nicht schön.

Und so denke ich manchmal, du hast mich nie geliebt,
ein anderes Bild sich für mich nicht ergibt.
So blieb diese Frage bis heute noch offen,
mit dir mal zu reden, darauf würde ich hoffen.

Was im Leben geschieht, kann man niemals sagen,
vielleicht gibt's eine Antwort auf meine Fragen.
Um Frieden zu finden wäre es gut für mich,
du warst mir so wichtig, denn ich liebte dich.

Erinnerung

Du warst ein Traum in meinem Leben,
so gerne hätte ich dir vergeben.
Doch du gingst still und ohne ein Wort
einfach aus meinem Leben fort.

Du warst meinem Herzen doch so nah,
und plötzlich warst du nicht mehr da.
Vergessen, nein das konnte ich nicht,
sah in meinen Träumen nur dein Gesicht.

Ich hatte dir all meine Liebe gegeben,
und sollte nun ohne dich weiterleben.
Wie konnte das gehen, ich wusste es nicht,
es war alles so dunkel, nirgends ein Licht.

Mein Traum war zerstört, was war nur geschehen,
wie sollte es ohne dich weitergehen?
So groß war mein Schmerz, kann es nicht sagen,
wie sollte ich das nur jemals ertragen?

Ein Traum, so schön wie sonst nichts auf der Welt,
eine Liebe so groß wie das Sternenzelt.
Vorbei war der Traum von unserem Glück,
denn ich wusste, du kommst nicht mehr zurück.

Um dich zu kämpfen kam mir nicht in den Sinn,
dachte mir nur, dass ich nicht gut genug bin.
Zog mich zurück in meinem Kummer und Schmerz,
und fühlte nur, es bricht mir das Herz.

Das Leben ging weiter, auch ohne dich,
doch es war nicht mehr dasselbe, nicht für mich.
Die Erinnerung, sie holt mich manchmal ein,
sie wird für immer in meinem Herzen sein.

Gefangen in deiner Liebe

Gefangen in deiner Liebe,
auch wenn die Sterne nicht günstig stehen,
gefangen in alten Träumen,
kann ein Glück ohne dich nicht sehen.

Was Liebe ist konnte ich spüren,
doch auch den Schmerz, als es vorbei.
Es tat so weh dich zu verlieren,
mein Herz brach dabei fast entzwei.

Gefangen in alten Gefühlen,
die Freiheit spüre ich nicht,
ich sehe in meinen Träumen
manchmal noch dein Gesicht.

Ich kann es noch nicht verstehen,
ich war doch so glücklich mit dir,
du bist es wohl nicht gewesen,
sonst wärst du noch immer bei mir.

Ich muss meine Träume begraben,
du denkst bestimmt nicht mehr an mich,
auch wenn dieses Glück vorbei ist,
es war schön, denn ich liebte dich.

Gefangen im Licht meiner Sonne,
die für mich nun nicht mehr scheint,
irgendwann werden die Tränen trocknen,
die Tränen, die ich um dich geweint.

Das Leben

Ich habe es lange nicht beachtet,
nicht mehr gewusst wie es wirklich ist,
und doch hab ich ganz tief im Herzen,
danach gesucht, es sehr vermisst.

Das Schicksal brachte schlimme Stunden,
an denen ich so schwer getragen,
was Freude und was Lachen ist,
das konnte ich schon nicht mehr sagen.

In Schmerz und Trauer ganz gefangen,
nichts machte für mich einen Sinn,
sah nur in die Vergangenheit,
und nicht zu meiner Zukunft hin.

Die Trauer stürzte mich ins Dunkel,
sie nahm mir jeden Lebensmut,
und ohne Hoffnung und Vertrauen,
glaubte ich nicht mehr, es wird gut.

Wo war das frohe Kind geblieben,
das vertrauensvoll ins Leben geht,
mir scheint, ich hatte es verloren,
es war einfach so davon geweht!

Doch so kann es nicht weitergehen,
es hilft mir nicht, bringt nichts zurück,
es macht die Menschen nicht lebendig,
zerstört mir nur des Lebens Glück.

Nun will den neuen Weg ich wagen,
ganz langsam mal nach vorne sehen,
dem Leben mich neu anvertrauen,
mit Hoffnung in die Zukunft gehen.

War stark genug zu überleben,
trotz allem Schmerz und allem Leid,
vielleicht, daran will ich nun glauben,
kommt dann noch eine schöne Zeit.

Naturgewalten

Der Himmel wird schwarz, wie die dunkle Nacht,
und selbst die Sonne verliert ihre Macht.
Ein gewaltiger Sturm zieht über das Land,
geschaffen wie von mächtiger Hand.

Es ist als würde die Erde beben,
alle Naturgewalten sich erheben.
Ein Toben und Tosen erfüllt den Raum,
man sieht die Hand vor den Augen kaum.

Es gibt keinen Schutz und keinen Halt,
vor dieser elementaren Gewalt.
Man fühlt sich ausgeliefert und klein.
Wann wird es endlich zu Ende sein?

Und plötzlich, schnell wie sie gekommen,
hat der Gewalten Kraft abgenommen.
Ein milder Wind durch die Bäume weht,
und die Sonne wieder am Himmel steht.

So ist es manchmal in unserem Leben,
wenn mächtige Gefühle sich erheben,
und so folgt, wie könnte es anders sein,
auf jedes Dunkel der Sonnenschein.

Was mich trägt

Was mich trägt, ist der Himmel,
ist das göttliche Licht,
es leitet und führt mich,
schenkt mir Zuversicht.

Was mich trägt, ist die Sonne,
sie macht mein Leben hell,
vertreibt alle Wolken
und die Sorgen ganz schnell.

Was mich trägt, ist die Heimat,
ist mein schönes Zuhaus,
hier fühle ich mich wohl,
und ruhe mich aus.

Was mich trägt, sind die Menschen,
die mich achten und lieben,
ohne sie wäre manchmal
nicht viel Hoffnung geblieben.

Was mich trägt, ist das Schöne,
überall in der Welt,
sind die Tiere und Blumen,
und das weite Sternenzelt.

Was mich trägt, ist die Liebe,
die ich im Herzen trage,
zu meiner Familie,
heute und alle Tage.

So gehe ich getragen
durch diese schöne Welt,
bis Gott mich einst ruft
in sein Himmelszelt.

Neue Hoffnung

Sieh den Glanz in deinen Augen,
er gibt dir Mut und Zuversicht,
das Leben ist zurückgekehrt,
hell leuchtet nun dein Lebenslicht.

Neue Hoffnung ist geboren,
ganz tief in deinem Herzen drin,
du weißt, jetzt wird es aufwärts gehen,
und alles hatte seinen Sinn.

Es ist nicht immer leicht gewesen,
der Weg war manchmal schwer und weit,
auch Zweifel hat es oft gegeben,
sie schien so lang, die Leidenszeit.

Doch alles muss sich einmal wandeln,
es braucht Geduld und es braucht Mut,
die Hoffnung hat dich stets begleitet,
du hast gewusst, es wird schon gut.

Du hast den Weg zu Gott gefunden,
gespürt, dass er dich nie verlässt,
hast dich in seine Hand gegeben,
und hast gefühlt, er hält dich fest.

Er führt dich stets auf guten Pfaden,
durch diese Welt, durch jedes Tal,
und wenn du hinfällst, hab den Mut,
steh auf, versuch es noch einmal.

Denn Gottes Liebe, Gottes Güte,
sie trägt dich doch ein Leben lang,
wenn Gott an deiner Seite ist,
hab keine Angst und sei nicht bang.

So folge deinem Lebensweg,
halt stets an deinem Glauben fest,
mit Hoffnung, Mut und Zuversicht,
sich jede Hürde nehmen lässt.

Lass dich von deinen Träumen tragen

Lass getrost vom Wind dich tragen,
von der Sonne dich bescheinen,
hab Vertrauen wie ein Kind,
und erlaube dir zu weinen.

Geh deinen Weg geradeaus,
ist er auch nicht immer leicht,
wenn du deiner Sehnsucht folgst,
hast du bald dein Ziel erreicht.

Was er bringt, das weißt du nicht,
doch mit Mut kannst du ihn gehen,
was immer dir der Tag beschert,
hab Vertrauen, lass geschehen.

Menschen werden dich begleiten,
wirst manchmal auch alleine gehen,
schaust voll Wehmut oft zurück,
doch besser ist's nach vorn zu sehen.

Behalt dein Ziel ganz fest im Blick,
darfst deiner Kraft dir sicher sein,
was vom Leben du dir wünschst,
das entscheidest du allein.

Lass dich von den Träumen tragen,
sie führen sicher dich ans Ziel,
halte immer dir vor Augen,
ich kann erreichen was ich will.

Mit deinen Wünschen, deinen Träumen,
wird dein Weg lebendig sein,
und weil wir alle Träume haben,
bist du niemals ganz allein.

Wegbegleiter

Wegbegleiter sind im Leben,
Menschen, die man kennt und mag,
die dir helfen, dich begleiten,
mit dir gehen jeden Tag.

Wegbegleiter, das sind Eltern,
die dich führen, die dich leiten,
dir den Weg ins Leben zeigen,
mit ihrer Liebe dich begleiten.

Wegbegleiter sind Geschwister,
kennen dich seit Kindertagen,
haben Freud mit dir geteilt,
manchen Schmerz mit dir getragen.

Wegbegleiter, das sind Partner,
die dich achten wie du bist,
die dich lieben, akzeptieren,
auch wenn es mal nicht einfach ist.

Wegbegleiter sind die Kinder,
denen du das Leben schenkst,
die in deinem Herzen wohnen,
an die du stets mit Liebe denkst.

Wegbegleiter, das sind Freunde,
die dir treu zur Seite stehen,
denen du vertrauen kannst,
die immer gerne mit dir gehen.

Wegbegleiter bist auch du,
für alle, die dir nahe stehen,
drum sei achtsam mit den Menschen,
die mit dir durchs Leben gehen.

Gott, ich danke dir

Ich erhebe meine Augen zu dir,
um dir meinen Dank zu sagen,
für die Liebe, die du mir gibst,
heute und an allen Tagen.

Ich danke dir für mein Leben,
für alles Schöne auf dieser Welt,
ich danke für Mond und Sterne,
für das weite Himmelszelt.

Ich danke für all die Blumen,
die mich erfreuen und wunderschön blühn,
ich danke für Wald und Wiesen,
für all das herrliche Grün.

Ich danke dir für die Tiere,
für die Vögel, die Fische im See,
für den Frühling, für Sommer und Herbst,
und im Winter für den Schnee.

Ich danke dir für die Menschen,
die ich liebe, und die mit mir gehen,
für Freunde, die mich begleiten,
mir immer zur Seite stehen.

Ich danke dir Gott für die Sonne,
die mir Licht und Wärme schenkt,
ich danke für meinen Engel,
der mich beschützt, meine Schritte lenkt.

Für alles, was du mir gibst,
will ich heute danke sagen,
ich werde meine Liebe zu dir
immer tief im Herzen tragen.

Manchmal brauchst du

Manchmal brauchst du einen Engel,
und nicht nur an dunklen Tagen,
ist dir im Leben was gelungen,
darfst du auch mal „Danke" sagen.

Manchmal brauchst du auch mal Flügel,
um dich sachte zu erheben,
aus dem täglich Einerlei,
und aus deinem Alltagsleben.

Manchmal brauchst du eine Hand,
die dich stützt und die dich hält,
wenn die Sorgen dich erdrücken,
und dir dunkel scheint die Welt.

Manchmal brauchst du Sonnenstrahlen,
die in deine Seele scheinen,
wenn die Tage trübe sind,
und es ist dir nur zum Weinen.

Manchmal brauchst du einen Freund,
mit dem du singen kannst und lachen,
und an unbeschwerten Tagen
lauter schöne Dinge machen.

Manchmal brauchst du Ruhezeiten,
um wieder zu dir selbst zu finden,
Mut und Stärke zu gewinnen,
dann kannst du Grenzen überwinden.

Manchmal brauchst du einen Engel,
der dich stützt und der dich hält,
der alle Zeiten mit dir geht,
zeigt dir diese schöne Welt.

Schönes Bayernland

Gesegnet seid ihr Bayern,
mit diesem schönen Land,
ein Paradies auf Erden,
gemacht von Gottes Hand.

Die schönen hohen Berge,
sie ragen in den Himmel rein,
sind Orte voller Stille,
schön ist es, einfach dort zu sein.

So stolz und majestätisch,
man schweigt und wird ganz still,
als ob uns Gott mit diesem Wunder,
seine Größe zeigen will.

Klare Quellen, klare Bäche,
entspringen aus der Felsenwand,
die Wiesen voller Alpenblumen,
wie ausgesät von Gottes Hand.

Es ist so traumhaft schön,
voll Demut steh ich da,
und fühle mich im Herzen,
dem Himmel wirklich nah.

Loblied an die Schöpfung

Frieden spüre ich tief im Herzen,
wenn ich Gottes Schöpfung sehe,
voll Freude und mit offenen Augen,
durch Wiesen und durch Wälder gehe.

Stolz ragen Bäume in die Höhe,
Blumen blühn in bunter Pracht,
die Sonne leuchtet hell und klar,
alles das hat Gott gemacht.

Schmetterlinge, welche Freude,
tanzen fröhlich durch die Luft,
und an schönen Sommertagen
ist die Welt voll Blumenduft.

Vögel zwitschern in den Zweigen,
der Wind sanft durch die Blätter weht,
und am nahen Waldesrand
ein Reh mit seinen Jungen steht.

Und hoch droben in den Wolken
ein Habicht seine Kreise zieht.
Ob man wohl in dieser Höhe
ein Stückchen in den Himmel sieht?

Als Zeichen seiner großen Liebe
schuf Gott uns diese schöne Welt,
er lässt für uns die Sonne scheinen,
spannt über uns das Sternenzelt.

Und als Ausdruck unseres Dankes,
wollen wir die Welt bewahren,
damit dort Menschen leben können,
auch noch in vielen tausend Jahren.

Die Seele

Mit Liebe gesegnet
und einem klaren Plan,
so kam eine Seele
auf dieser Erde an.

Gestärkt mit Vertrauen,
und dem himmlischen Licht,
mit Kraft und viel Mut,
und ganz viel Zuversicht.

Alles was sie brauchte
für dieses Erdenleben,
hat Gott, ihr Vater,
ihr mitgegeben.

Sie machte sich auf,
war ein freundliches Kind,
hat gerne gelacht,
so wie Kinder meist sind.

Sie entdeckte die Welt,
sah sich die Menschen an,
und hoffte, dass sie
hier viel lernen kann.

Doch vieles was sie sah,
das gefiel ihr nicht,
hier war nicht viel Freude,
nicht viel Zuversicht.

Was hatten die Menschen
aus der Erde gemacht,
es war kein Paradies,
oft herrschte die Nacht.

Ihr wurde ganz kalt,
und sie hat gefroren.
Hatten die Menschen
den Himmel verloren?

Was war nur geschehen,
sie konnt's nicht verstehen,
so kann es mit der Welt
nicht mehr weitergehen.

Die Menschheit braucht Hilfe,
viel Liebe und Licht,
dann wird es wohl gehen,
denn mehr braucht es nicht.

Und so bittet sie Gott:
„Lass die Welt nicht erfrieren,
lass die Kinder der Welt
deinen Plan nicht verlieren."

Ein Traum von Jugend

Ich habe dich so geliebt,
doch nun muss ich von dir gehen.
Du bist jung und voller Leben,
aber für mich blieb die Zeit nicht stehen.

Hab dich geliebt von ganzem Herzen,
doch eine Zukunft gibt es nicht.
Du warst mein Leben für kurze Zeit,
warst meine Freude und mein Licht.

Die Zeit mit dir war wunderschön,
doch nun ist sie vergangen.
Ich wünsche dir Glück und alles Gute,
um noch einmal anzufangen.

Was für mich bleibt – Erinnerung,
an diese schöne Zeit mir dir,
mein Traum ist nun vorbei,
doch Sehnsucht bleibt ganz tief in mir.

Lass die Liebe fließen

Lass die Liebe wieder fließen,
und vergiss den alten Streit,
Zwietracht schadet nur dem Herzen,
zur Versöhnung sei bereit.

Alte Wut und alter Hass,
sie nutzen dir nicht viel,
rauben dir die Lebenskraft,
weil deine Seele Frieden will.

Wir sind für Krieg doch nicht geboren,
nur die Liebe macht uns frei,
geh auf deinen Nächsten zu,
sag zu ihm: „Mein Freund verzeih."

Gib der Zukunft eine Chance,
lass Vergangenes vergehn,
vielleicht kannst du den Streit
ja nun mit andern Augen sehn.

Reich dem Nächsten deine Hand,
geh in Liebe auf ihn zu,
so findet deine Seele Frieden,
und die lang ersehnte Ruh.

Das Leben ist wie Berg und Tal

Manchmal bin ich wie ein Kind,
so wie Kinder nun mal sind,
ich will fröhlich sein und lachen,
lauter schöne Sachen machen.

Manchmal kann ich nicht vertrauen,
will gar nicht nach vorne schauen,
sitze in der Höhle drin,
finde keinen Lebenssinn.

Manchmal fühle ich mich stark,
dann ist ein wunderschöner Tag,
alles kann mir dann gelingen,
kann mich freuen und kann singen.

Manchmal fühle ich mich allein,
kann dann nur noch traurig sein,
kann mich selbst nicht mehr verstehen,
will nicht unter Menschen gehen.

Manchmal geht es mir sehr gut,
und ich habe ganz viel Mut,
kann mit Hoffnung und Vertrauen
in ein schönes Leben schauen.

Manchmal bin ich leise und still,
weiß nicht was ich wirklich will,
hab alten Schmerz nicht überwunden,
meinen Weg noch nicht gefunden.

Manchmal scheint die Sonne hell,
vergesse dann die Sorgen schnell,
bin so dankbar für mein Leben,
das mein Schöpfer mir gegeben.

Das Leben ist wie Berg und Tal,
ja, so denke ich manchmal,
genießt man seine guten Zeiten,
kann man auch durch Täler schreiten.

Ich wünsch dir alles Liebe

Du bist nun 16 Jahre alt,
und auch noch klug und schön,
bald werden vor der Haustür
die Jungs schon Schlange stehn.

Du denkst, ich will nun endlich raus,
hinein ins pure Leben,
es muss doch außer lernen
auch noch was anderes geben.

Du willst ins Kino gehen,
Spaß haben, dich freun und lachen,
willst dich mit jungen Leuten treffen,
und auch mal Party machen.

Den Eltern fällt's nicht immer leicht,
wollen dich lieber zu Hause sehen,
anstatt mit irgendwelchen Jungs
auf Discos oder Partys gehen.

Doch eines, das ist sonnenklar,
man hält die Zeit nicht auf,
denn du, du wirst nun flügge,
so ist des Lebens Lauf.

So gehe deinen Weg,
mit Hoffnung und Vertrauen,
und wenn du immer an dich glaubst,
kannst du getrost nach vorne schauen.

Ich wünsche dir alles Liebe,
ein wunderschönes Leben,
denn Gott wird dich begleiten,
dir seinen Segen geben.

für Sarah

Von Engeln begleitet

Mach dir keine Sorgen,
um die Dinge von morgen.
Genieße heute dein Leben,
wie es dir gegeben.

Bei Tag und auch bei Nacht
ein Engel dich bewacht.
Drum vergiss all deine Sorgen,
er beschützt dich ja auch morgen.

Du kannst ihm alles sagen,
ihn stets um Hilfe fragen.
Denn er wird dich verstehen,
alle Wege mit dir gehen.

Durch Tiefen dich begleiten,
zu höchsten Höhen geleiten.
Er lässt dich niemals allein,
wird immer an deiner Seite sein,

Er freut sich wenn du lachst,
und viele schöne Dinge machst.
Will dass du immer glücklich bist,
und nicht aus Angst zu leben vergisst.

Ein wenig Wehmut

Abschied nehmen ist nicht leicht,
dich gehen zu lassen fällt mir schwer,
ich weiß ja, dass es richtig ist,
doch ich vermisse dich so sehr.

Gib kleinen Kindern Flügel,
lass große in ihr Leben gehen,
ja, so heißt ein weiser Spruch,
doch mein Herz will's nicht verstehen.

Versucht dich heimlich festzuhalten,
sagt mein Verstand dazu auch nein,
auch wenn ich's gerne anders hätte,
ich weiß es ja, es muss so sein.

Du musst dein eigenes Leben leben,
wohin dein Weg auch immer führt,
und doch ist's oft schwer auszuhalten,
weil mein Herz die Sehnsucht spürt.

So viele Jahre warst du hier,
die Zeit mit dir, sie war so schön,
und darum weint mein traurig Herz,
wenn ich dir sag aufwiedersehn.

Ich lass den Wind die Sehnsucht tragen,
wünsch dir viel Sonne jeden Tag,
erlaube mir, dich zu vermissen,
weil ich dich ja von Herzen mag.

So zieh hinaus in deine Welt,
mit guten Wünschen stets begleitet,
dass dein Herz dich immer führt,
und täglich deine Schritte leitet.

Ein wenig Wehmut in der Seele,
ich glaube, das darf auch so sein,
du gehst jetzt deinen eigenen Weg,
doch wir sind wirklich nie allein.

für Claudia

Hey du lieber Erdenengel

Hey du lieber Erdenengel,
hast das Herz am rechten Fleck,
und wenn deine Augen leuchten,
schmelzen Eis und Kummer weg.

Bringst den Menschen Licht und Freude,
schon durch deine Herzlichkeit,
und sie fangen an zu strahlen,
ihre Herzen werden weit.

Bringst Bewegung in das Leben,
denn dein Lachen, das steckt an,
und bist du in meiner Nähe,
ich nicht lange weinen kann.

Möge Gott dir stets erhalten,
dein Wesen, deine Fröhlichkeit,
denn Freude brauchen alle Menschen,
hier in ihrer Erdenzeit.

Hey du lieber Erdenengel,
magst viel Schönes noch erleben,
voller Glück und voller Freude
durch dein ganzes Leben schweben.

für Claudia

Nun wirst du 18 Jahre

Wo ist die Zeit geblieben?
Du warst doch erst ganz klein,
als du dich still und leise,
schlichst in mein Herz hinein.

Zwei Hände voller Leben,
ein liebes Lächeln im Gesicht,
ein kleines Wunder Mensch,
mehr sah man damals nicht.

Du bist gewachsen, wurdest groß,
hast dich entwickelt wunderbar,
du hast viel Freude uns gegeben,
und stets war ganz viel Liebe da.

Dein Wesen, es ist freundlich,
es ist so schön, dass es dich gibt,
gerne bin ich deine Patin,
die dich von Herzen liebt.

Nun wirst du 18 Jahre alt,
wie schnell die Zeit verweht,
bist eine junge Frau geworden,
die in ihr eigenes Leben geht.

Bist hübsch und klug, hast Herzenswärme,
drum bleibe wie du bist,
geh deinen Weg stets mit Vertrauen,
auch wenn er mal nicht einfach ist.

Was soll ich dir nun wünschen?
Nur Gutes, das ist klar,
Freude, Glück und Gottes Segen,
und ein wunderschönes Jahr.

für Sarah

In guten und in schlechten Zeiten

„In guten und in schlechten Zeiten",
so hast du einst versprochen,
du hast dein Wort gehalten,
hast es niemals gebrochen.

Gerade auch in schweren Tagen
warst du stets für mich da,
denn du liebst mich von Herzen,
mein Schatz, das weiß ich ja.

Die Ringe, die wir einst getauscht,
erinnern uns daran,
dass man nicht nur in guten Tagen
zusammenhalten kann.

Die Liebe trägt durchs tiefste Tal,
macht alles wieder gut,
sie gibt uns Kraft um durchzuhalten,
gibt täglich neuen Mut.

Und wenn wir zwei gemeinsam
auf unser Leben schaun zurück,
dann sehen wir auch viel Freude,
und ein großes Glück.

Dies alles macht die Summe
von unserem Leben aus,
so soll es immer bleiben,
bei dir bin ich zuhaus.

So gehen wir auch weiter
zusammen durch das Leben,
wir beide Hand in Hand,
was kann es Schöneres geben.

für Detlef

Ein Stückchen Heimat

Mein Herz, es hüpft vor Freude,
denn Oberstdorf ist nah,
noch eine kurze Stunde,
dann sind wir endlich da.

Die Berge stehen vor uns,
so herrlich anzusehen,
bald werden wir die Wege
aus früheren Zeiten gehen.

Das Tal, es liegt so lieblich,
im hellen Sonnenschein,
gar mächtig sind die Berge,
ein Felsmassiv aus Stein.

Ein Fleckchen auf der Erde,
von Gotteshand gemacht,
ein Paradies auf Erden,
wenn hell die Sonne lacht.

Wo Heimat ist, das kannst du
ganz tief im Herzen spüren,
schau dir die Berge an,
lass dich davon berühren.

Es winken schon die Freunde,
kann sie beim Namen nennen.
Ob sie wohl auf mich warten,
ob sie mich auch noch kennen?

Die Zeit scheint still zu stehen,
war ich auch lange fort,
so zieht es mich doch wieder
an diesen schönen Ort.

für Detlef

Das Kirchlein

Hoch droben steht ein Kirchlein,
gebaut von Menschenhand,
als Dank, zur Ehre Gottes,
schaut weit es übers Land.

Als Dank für Gottes Hilfe,
in einer schweren Zeit,
aus festem Stein gebaut,
so wurde es einst geweiht.

Es bietet Schutz und Zuflucht,
und lädt zum Beten ein,
so manche Not und Sorge,
trugen Menschen schon hinein.

Hier wurden sie getröstet,
und fanden neuen Mut,
der Glaube brachte Hoffnung,
und alles wurde gut.

Egal was dir geschieht,
auf dieser weiten Welt,
so gibt es doch stets Einen,
der immer zu dir hält.

Und findest du ein Kirchlein,
so geh getrost hinein,
Gott schenkt dir seine Hilfe,
er lässt dich nie allein.

Und ist dein Schmerz, dein Kummer,
auch noch so riesengroß,
Gott hält dich in den Händen,
er lässt dich niemals los.

So gehst auch du getröstet
von diesem stillen Ort,
und nimmst den Segen Gottes
mit in dein Leben fort.

Gehalten und getragen,
so gehst du dann durchs Leben,
denn Hoffnung und auch Zuversicht,
wird dir der Glaube geben.

Ich zünde eine Kerze an

Wenn es draußen dunkel ist,
und meine Seele weint,
dann zünd ich eine Kerze an,
die in mein Herz mir scheint.

Ihr Licht, es leuchtet dann für mich,
macht alles wieder gut,
es leuchtet in mein Herz hinein,
und gibt mir neuen Mut.

Erinnert mich an Gottes Licht,
das in uns allen wohnt,
das mich ein Leben lang begleitet,
das es zu suchen lohnt.

Und öffne ich mich diesem Licht,
nehme Gottes Liebe an,
dann gibt es wenig auf der Welt,
das mich erschüttern kann.

Dann find ich Trost in jedem Schmerz,
in jedem Kummer, jedem Leid,
vertrau mich Gottes Führung an,
und bin geborgen alle Zeit.

In meiner Not ruf ich zu dir

Und geh ich auch durchs tiefste Tal,
so weiß ich Gott, du bist bei mir,
du trocknest jede meiner Tränen,
verlässt mich nicht, bist immer hier.

Und ist mein Rufen nur ein Klagen,
aus allertiefstem Seelenschmerz,
so bist du bei mir, guter Vater,
und schließt mich in dein liebend Herz.

Sind auch die Schatten groß wie Berge,
und übermächtig meine Pein,
so hältst du mich in deinen Armen,
denn du lässt mich niemals allein.

Und brechen alte Wunden auf,
mit großem Schmerz und aller Macht,
so stehst du Vater mir zur Seite,
behütest mich bei Tag und Nacht.

Bin ich verlassen von den Menschen,
so weiß ich, du verlässt mich nicht,
du schickst mir selbst in tiefster Nacht,
dein hoffnungsvolles helles Licht.

So will ich Vater dir vertrauen,
und ruf in meiner Not zu dir,
ich schaffe es nicht mehr alleine,
und bitte dich oh Gott, hilf mir.

Oh Gott gib mir Vertrauen

Oh Gott gib mir Vertrauen,
lass mich den Glauben wieder finden,
und schenke mir die Gabe,
mich mit dem Himmel zu verbinden.

Es gibt so viel zu spüren,
zwischen dir und dieser Welt,
denn da ist deine Liebe,
für uns Menschen unterm Sternenzelt.

Du schicktest mich in diese Welt,
hast mir Vertrauen mitgegeben,
doch irgendwann hab ich's verloren,
und kann doch ohne es nicht leben.

Um meinen Weg zu gehen,
da brauche ich dein Licht,
du kannst mir Halt und Hilfe geben,
gibst Hoffnung und auch Zuversicht.

Und doch kann ich es oft nicht fühlen,
wenn mein Glaube mich verlässt,
dann bitte ich dich lieber Gott,
halt mich in deinen Armen fest.

Bitte gib mir dann ein Zeichen,
lass deine Gegenwart mich spüren,
so kann ich auch in dieser Welt,
ein Stück vom Himmel schon berühren.

Lass mich deine Liebe spüren

Lass mich deine Liebe spüren,
Vater hoch am Himmelszelt,
lass mich deine Hand berühren,
der du hältst die ganze Welt.

Lass mich deine Worte hören,
die mich das Leben lehren,
mit Staunen deine Wunder sehen,
dir danken und dich ehren.

Lass mich bei dir geborgen sein,
weil du mein guter Vater bist,
zu dir da darf ich kommen,
wenn mein Weg beschwerlich ist.

Du gibst mir Trost und Hilfe,
in allen Lebenslagen,
nichts ist dir zu gering,
dir darf ich alles sagen.

Auch wenn ich Freude spüre,
darf ich sie zu dir bringen,
mit dir mein Himmelsvater,
kann alles mir gelingen.

Du schenktest mir das Leben,
behütest mich, gibst mir so viel,
auf dich will ich vertrauen,
du führst mich sicher an mein Ziel.

Ein Traum vom Frieden

Ich habe einen Traum
vom Frieden in der Welt,
ich habe einen Traum,
dass nur die Liebe zählt.

Ich habe einen Traum
von Hoffnung und von Licht,
und wünsche mir so sehr,
dass er niemals zerbricht.

Ich habe einen Traum,
und er soll ewig währen,
dass Eltern ihre Kinder
Mut und Vertrauen lehren.

Ich habe einen Traum,
dass Menschen sich vergeben,
in Liebe und in Frieden
auf dieser Erde leben.

Ich habe einen Traum
vom Paradies auf Erden,
wenn wir ihn alle träumen,
dann kann er Wahrheit werden.

Februar

13

Mittwoch

2013

Wirf auf den Herrn, was dir auferlegt ist, und er wird dich erhalten; er wird niemals zulassen, dass der Gerechte wankt!

Psalm 55,23

Nehemia 7,72b – 8,12
Sprüche 14,13–25

Notizen:

Postfach 100153 • D-42490 Hückeswagen • www.csv-verlag.de • Gottes Wort für jeden Tag 2013

CSV

Traum von Freiheit

Irgendwann fängt mein Traum zu leben an,
irgendwann in der neuen Zeit,
irgendwann, ja ich glaube fest daran,
irgendwann, da bin ich bereit.

Irgendwann hat der Mut die Angst besiegt,
irgendwann ist Vertrauen ganz groß,
irgendwann zieh ich meine Flügel an,
irgendwann fliege ich dann los.

Alte Bilder verlieren ihre Macht,
ich steige hinauf bis zum Himmelszelt,
und schaue mir all die Wunder an,
die es gibt auf dieser schönen Welt.

Dann bin ich frei wie ein Schmetterling,
so frei, wie ein Vogel im Wind,
fühle mich leicht und unbeschwert,
fühle mich frei, wie Gottes Kinder sind.

Es ist an der Zeit meinen Traum zu spüren,
die Zeit des Wartens, sie ist nun vorbei,
ich nehme Mut und Vertrauen mit,
und fliege los, denn dann bin ich frei!

Gottes Hand

Zur Ehre Gottes bin ich hier,
die Schöpfung zu lobpreisen,
so still und friedvoll ist die Welt,
nichts brauch ich zu beweisen.

Und Gottes Hand liegt über mir,
ganz leise und ganz still,
„Oh sorg dich nicht du Menschenkind,
weil ich doch nur dein Bestes will.

So lasse los all Sorg und Schmerz,
und gib dich meiner Führung hin,
ich werd gewiss den Weg dir zeigen,
und auch den wahren Lebenssinn.

Vertrauen, Mut und Zuversicht,
will ich dir allzeit geben,
und Schutz und Segen immerzu,
für dich und für dein Leben.

Und sieh und spür wie schön die Welt
in diesem stillen Augenblick,
und wenn du einmal traurig bist,
dann hol ihn dir ganz schnell zurück.

Ich schicke meine Engel aus,
um dir stets beizustehen,
und es gibt keinen Augenblick,
da du allein musst gehen.

So sorge ich bei Tag und Nacht,
für dich und für dein Wohlergehen,
was immer auch geschehen mag,
ich werd an deiner Seite stehen.

Du bist mein Kind, was du auch tust,
ich liebe dich von Herzen,
vertreib aus deiner Seele
all Kummer, Sorg und Schmerzen.

So spür die Stimme tief in dir,
die leise zu dir spricht,
dein Vater, er ist stets bei dir,
denn er verlässt dich nicht.

Er hört dein Rufen allezeit,
ist stets bereit dir beizustehen,
so kannst du ohne Angst und Sorge
getröstet durch dein Leben gehen."

Du trägst mich

Du trägst mich mein Vater
durch Nacht und durch Wind,
hältst mich in den Armen,
denn ich bin dein Kind.

Beschützt mich in Ängsten,
in jeder Gefahr,
ob hell oder dunkel,
du bist für mich da.

Oh schenk mir Vertrauen,
gib Hoffnung und Mut,
an das Leben zu glauben,
und alles wird gut.

Hilf neues zu wagen,
und vorwärts zu gehen,
und nicht in der Sorge
nur stille zu stehen.

Lass täglich mich spüren
dein heilendes Licht,
deine Liebe zu mir,
dann verzage ich nicht.

Danke

Ich will dir danken alle Tage,
für das Leben, das du mir schenkst.
Ich will dir danken heute und morgen,
dass du meine Schritte lenkst.

Bist mein Begleiter auf allen Wegen,
die ich in meinem Leben geh,
bist mir Tröster in den Stunden,
wenn Schmerz und Kummer tun so weh.

Du bist mein Freund, mit dem ich teile,
all meine Freude und mein Glück.
Mit dir will ich nach vorne schauen,
nicht in Vergangenes zurück.

Ich bin bereit um nun zu lernen,
wie unendlich deine Liebe ist,
ich bin ein Kind des einen Vaters,
bin ein Weltenkind und Christ.

Tanze, lache, schwebe

Tanze, lache, schwebe,
breite deine Flügel aus,
sei ein Schmetterling im Wind,
flieg aus deinem Alltag raus.

Gönn dir diese schöne Zeit,
einfach frei und locker sein,
um das Leben zu genießen,
hier und jetzt im Sonnenschein.

Lasse deine Wünsche fliegen,
und sei fröhlich wie ein Kind,
es kann doch nichts schönres geben,
als frei zu sein im Sommerwind.

Was du machst aus deinem Leben,
das entscheidest du allein,
darum gönne dir die Freude,
entscheide dich fürs glücklich sein.

Fliege wie der Wind

Fliege frei, so wie der Wind,
dorthin wo deine Träume sind,
lass die Gefühle sich erheben,
wie Adler durch die Lüfte schweben.

Lass deine Lebenskraft erwachen,
und lauter schöne Sachen machen,
denn die Welt ist voller Leben,
was kann es für dich schönres geben.

Freu dich und lache wie ein Kind,
tanz wie ein Schmetterling im Wind,
dann werden Glück und Sonnenschein
stets gern an deiner Seite sein.

Genieße dankbar jeden Tag,
den dir das Leben schenken mag,
und fliege frei, so wie der Wind,
dorthin wo deine Träume sind.

Traumland – Kinderland

Hier sind noch all die Puppen,
mit denen ich spielte als Kind,
hier wohnen meine Träume,
Schmetterlinge tanzen im Wind.

Die Freunde aus Kindertagen,
sie sind noch alle dort,
Elfen, Feen und Zwerge
gibt es an diesem schönen Ort.

Im Schloss wohnt die Prinzessin,
Schneewittchen ist auch noch da,
es wohnt bei den sieben Zwergen,
und ist glücklich Jahr für Jahr.

Das Einhorn grast auf der Wiese,
sein Fell strahlt im Sonnenschein,
umgeben von Hasen und Rehen,
keiner ist hier je allein.

Der Löwe spielt mit dem Lämmlein,
ein Bär liegt friedlich im Gras,
auf der Wiese tollen die Kinder,
und haben ganz viel Spaß.

Es blühen überall Blumen,
die Sonne spendet ihr Licht,
und alle sind sehr glücklich,
denn Streit gibt es hier nicht.

Ein Land, so wie im Märchen,
ein Land aus Träumen gemacht,
Vögel singen in den Zweigen,
ein Land, von Engeln bewacht.

Es ist so still und friedlich,
so bunt und wunderschön,
ach könnten doch alle Menschen
dieses friedliche Traumland sehn.

Dies Land tief drin im Herzen,
ein schöner, sicherer Ort,
wer ihn einmal gefunden,
will niemals wieder fort.

Dein Engel sagt

Es brennt im Dunkeln der Nacht stets ein Licht.
Dein Engel sagt: „Ich vergesse dich nicht.
Bin immer nur ganz allein für dich da,
denn du weißt doch, ich liebe dich ja.

An deiner Seite da will ich stets gehn,
die Welt dir zeigen, sie ist wunderschön.
Will dich beschützen vor jeder Gefahr,
denn du weißt doch, ich liebe dich ja.

Drum komm mein Kind und gib mir deine Hand,
ich führe dich durch dies schöne Land.
Ich zeig dir Berge und Wiesen und Seen,
werde überall hin mit dir gehn.

Wir pflücken Blumen und spielen am Bach,
und wenn du wegrennst, dann lauf ich dir nach.
Wir spielen fangen, verstecken, wie schön,
werde überall hin mit dir gehn.

Und bist du müde, dann schlafe ruhig ein,
ich lasse dich ganz bestimmt nicht allein.
Bin immer bei dir, und nur für dich da,
denn du weißt doch, ich liebe dich ja.

Und wenn du einschläfst, dann steh ich am Bett,
mir dir zu spielen, das war wirklich nett.
Ich freue mich auf den kommenden Tag,
weil ich dich doch von Herzen mag."

Engel haben Flügel

Engel haben Flügel,
sie fliegen mit dem Wind,
sind in deinen Träumen,
du liebes Menschenkind.

Sie sind deine Begleiter,
bei Tag und auch bei Nacht,
helfen dir stets weiter,
und geben auf dich acht.

Sie sind die leise Stimme,
die tief du in dir spürst,
wenn in aller Stille
die Seele du berührst.

Im Lärm und Stress der Welt,
da geben sie dir Ruh,
wenn du dir die Zeit nimmst,
und hörst ihnen gut zu.

Was wichtig ist im Leben,
das können sie dir sagen,
wenn du dich einfach traust
sie um Rat zu fragen.

Wenn du dazu bereit bist,
dann wirst du's auch verstehn,
dass Engel dich begleiten,
und immer mit dir gehn.

Fürchte dich nicht

Es war ein Engel bei mir in der Nacht,
der alle meine Träume bewacht,
der mich beschützt und begleitet am Tag,
was immer auch geschehen mag.

Es ist ein Engel bei mir, der mich liebt,
der mir Geborgenheit und Wärme gibt,
mir immer treu zur Seite steht,
und alle Wege mit mir geht.

Es ist ein Engel, der mich trägt und hält,
durch alle Schatten in dieser Welt,
stets leuchtet für mich sein goldenes Licht,
wenn er zu mir sagt: „So fürchte dich nicht."

Es ist ein Engel, der mich erhebt,
mit mir durch glückliche Stunden schwebt,
ich kann mit ihm singen, mich freuen und lachen,
und lauter lustige Sachen machen.

Es ist ein Engel, der mich lehrt,
dass ich wichtig bin und liebenswert,
dass Gott mich alle Zeiten liebt,
und mir seinen himmlischen Segen gibt.

Mein lieber Engel, ich danke dir,
dass du bist Tag und Nacht bei mir,
dass du mich begleitest mein ganzes Leben,
dafür will ich dir meine Liebe geben.

Behütet und beschützt

Am Himmel leuchten die Sterne,
ich gehe nun zur Ruh,
ein Engel steht an meinem Bett,
und deckt mich sachte zu.

Dann nimmt er seine Hände,
berührt ganz sanft mein Herz,
befreit mit seiner Liebe,
von Kummer mich, und Schmerz.

So schlafe ich beschützt
und wohlbehütet ein,
mein Engel ist ja bei mir,
er lässt mich nicht allein.

Auf ihn kann ich vertrauen,
bei Tag und auch bei Nacht,
weil er mit seiner Liebe
mich ein Leben lang bewacht.

Sehnsucht

Jede Stunde bringt dich näher,
bringt dich näher zu mir zurück,
ich kann es kaum noch erwarten,
denn du, du bist mein ganzes Glück.

Lange warst du in der Fremde,
habe dich so sehr vermisst,
langsam ist die Zeit vergangen,
bis du endlich bei mir bist.

Doch nun bist du auf der Reise,
auf der Reise zurück zu mir,
und ich zähle schon die Stunden,
bis du endlich wieder hier.

Dann halte ich dich in den Armen,
lasse dich nie wieder los,
denn du bist meine große Liebe,
die Sehnsucht, sie war grenzenlos.

Täglich danke ich dem Himmel,
der unsre Liebe treu bewacht,
ich danke für jeden Sonnenstrahl,
der Wärme uns ins Herz gebracht.

Den Tag, an dem wir uns gefunden,
niemals werde ich ihn vergessen,
denn nie zuvor in meinem Leben,
hab ich ein solches Glück besessen.

Selbst ein Regentag wird schöner,
und dunkle Nächte werden hell,
wenn ich in deine Augen sehe,
vergesse ich die Sorgen schnell.

Du bist ein Geschenk des Himmels,
ein Mensch, den man niemals vergisst,
selbst wenn uns tausend Meilen trennen,
und zwischen uns der Ozean ist.

Die Liebe soll uns ewig bleiben,
mein Schatz, das wünsch ich mir so sehr,
undenkbar ohne dich zu leben,
ohne dich sein, das will ich nie mehr.

für Claudia und Benjamin

Verlorene Liebe

Für eine verlorene Liebe
entzünde ich heute ein Licht,
auch wenn du nicht an mich denkst,
vergessen habe ich dich nicht.

Ganz tief in meinem Herzen,
da wohnt noch ein Teil von dir,
auch wenn sich die Wege trennten,
die Liebe lebt weiter in mir.

Meine Erinnerung an dich
ist schmerzlich und schön zugleich,
macht mich traurig und tut mir weh,
und macht doch mein Leben reich.

Ich wünsche dir alles Gute,
wünsch dir Glück und Gottes Segen,
ein Engel mag dich beschützen,
auf allen deinen Wegen.

Und ist die Zeit gekommen
von dieser Erde zu gehen,
dann werden wir uns ganz sicher
im Himmel wieder sehen.

Nicht immer erfüllt sich die Liebe,
hier auf dieser irdischen Welt,
doch bei Gott sind wir alle eins,
unterm weiten Himmelszelt.

Verzage nicht du Erdenkind

Verzage nicht du Erdenkind,
du bist niemals allein,
es trägt ein guter Vater dich,
durch Angst und alle Pein.

Er nimmt dich sachte bei der Hand,
auch wenn du keine Hoffnung hast,
und nimmt von deinen Schultern dir,
die Sorgen und die Erdenlast.

Er lässt dich fühlen tief in dir,
Vertrauen, Mut und Zuversicht,
lässt leuchten auch in dunkler Nacht,
sein strahlend helles Himmelslicht.

Die Liebe, die er für dich fühlt,
wird niemals wirklich ruhn,
denn er ist bei dir Tag und Nacht,
bewacht dein Denken und dein Tun.

So öffne deine Seele nun,
erlaube ihm dir beizustehen,
so wirst getröstet du und mutig
auf allen deinen Wegen gehen.

Verzage nicht du Erdenkind,
in dir brennt auch des Himmels Licht,
dein Vater weiß doch was du brauchst,
und er vergisst dich sicher nicht.

Liebster meines Herzens

Oh Liebster meines Herzens,
schau in die Seele mein,
dort findest du nur Liebe,
bin alle Zeiten dein.

Du bist mir Licht im Dunkeln,
und Freude jeden Tag,
bist ein Geschenk des Himmels,
ich dich von Herzen mag.

Du bist stets meine Sonne,
die mir am Tage lacht,
mein strahlend heller Stern,
der leuchtet in der Nacht.

Du bist für mich am Morgen
der Grund um aufzustehen,
um dann mit einem Lächeln
durch meinen Tag zu gehen.

Auch wenn es draußen regnet,
machst du mein Leben hell,
selbst wenn ich Kummer habe,
trocknen die Tränen schnell.

Ach wenn es dich nicht gäbe,
dann wär mein Leben trüb,
will gar nicht daran denken,
hab dich von Herzen lieb.

So schön ist die Welt

Sonne und Wolken,
wie ist es so schön,
mit staunenden Augen
die Welt anzusehn.

Berge und Täler,
die Gipfel so weit,
die Welt, sie trägt
ihr Sommerkleid.

So frei wie der Wind
ziehe ich durch das Land,
beschützt und geführt
durch Gottes Hand.

Freue mich an den Blumen,
an den Schmetterlingen,
und fühle mich leicht,
wie auf Adlers Schwingen.

Eine geschenkte Zeit,
ich will sie genießen,
lege mich in die Sonne,
auf blühende Wiesen.

Oh Gott wie schön
hast du die Welt gemacht,
ich bin so glücklich
wenn die Sonne lacht.

Ich bin so froh,
das alles zu sehn,
und sag dir von Herzen
D a n k e s c h ö n !

Führe mich durchs Leben

Nimm mich Herr an deine Hand
und führe mich ins Leben.
Du gibst mir Hoffnung, Zuversicht,
und willst mir deine Liebe geben.

Ich öffne dir dafür mein Herz,
lass dich in meine Seele rein,
so bist du mir ein guter Freund,
wirst alle Tage bei mir sein.

Du schenkt mir Heilung in der Not,
schützt mich in der Gefahr,
mit dir, da finde ich mein Glück,
denn du bist immer für mich da.

Du lässt für mich die Sonne scheinen,
und Blumen für mich blühen,
auf einmal ist mein Leben leicht,
ist ohne Last und Mühen.

Die Freude, sie ist mein Begleiter,
und selbst die Nacht wird hell,
wenn ich mich Herr auf dich verlasse,
vergehen die Sorgen schnell.

So nimm mich Herr an deine Hand,
und führe mich durchs Leben.
Du bist und bleibst mein bester Freund,
einen besseren kann's nicht geben.

Danke für mein Leben

Ich danke dir für die Sonne,
die hoch am Himmel steht,
ich danke dir für die Wolken,
für den Wind, der sachte weht.

Ich danke dir für die Sterne,
für den Mond am Himmelszelt,
ich danke dir oh Gott,
für diese schöne Welt.

Für die Berge und die Täler,
für die Blumen, die schön blühn,
für die Bäume und die Wiesen,
die im Sommer leuchtend grün.

Ich danke dir für mein Leben,
für jeden neuen Tag,
ich danke für die Menschen,
die ich von Herzen mag.

Für die glücklichen Momente,
für die Gaben, die du schenkst,
für deine große Liebe,
und dass du mein Leben lenkst.

Für Gesundheit und für Freude,
auch dafür danke ich dir,
dass du mich nie alleine lässt,
bist Tag und Nacht bei mir.

So wage ich mein Leben
mit Mut und Zuversicht,
denn du bist meine Stärke,
meine Hoffnung und mein Licht.

Warum bist du gegangen?

Ich habe dich geliebt,
hast mir so viel gegeben,
du gabst mir wieder Hoffnung,
verändertest mein Leben.

Und nun bist du gegangen,
hast gesagt, es ist vorbei,
du hast mich alleine gelassen,
und ich bin wieder frei.

Frei, ab jetzt und heute,
was fang ich damit an,
was soll es mir denn bringen,
wenn ich dich nicht vergessen kann.

Wir hatten so viel Schönes,
hast du das nicht gesehen,
willst du mir nicht erklären,
warum du musstest gehen?

Wo ist das w i r geblieben?
Jeder von uns ist nun allein.
Ich kann es nicht verstehen,
musste das denn wirklich sein?

Wo ist die Liebe geblieben,
war sie für dich denn nur ein Wort,
hat sie ihren Wert verloren,
trieb der Wind sie einfach fort?

Fragen über Fragen
in meinem Kopf entstehen,
warum hast du mich verlassen,
und willst mich nicht mehr sehen?

So tief ist nun mein Schmerz,
und so dunkel meine Nacht,
es tut so schrecklich weh,
was hast du mit mir gemacht?

Ist es ein böser Traum,
bin ich bald aufgewacht?
Dann ist mein Leben wieder hell,
vorbei die dunkle Nacht.

Jesus, mein Bruder

Du breitest deine Hände aus,
und ich darf zu dir kommen,
bist mir zu helfen stets bereit,
hast mich in Liebe angenommen.

Du liebst mich jetzt und alle Zeit,
verstehst all meine Sorgen,
du tröstest mich und machst mir Mut,
bei dir bin ich geborgen.

Dein Licht, es leuchtet Tag und Nacht,
macht alles Dunkel hell,
vertreibt den Kummer und die Ängste,
und alle Sorgen schnell.

Wie gut, dass du stets bei mir bist,
so bin ich nie allein,
und reichst du, Jesus, mir die Hand,
werd ich nie einsam sein.

In Gottes Licht geborgen

In Gottes Licht bin ich geborgen,
ist noch so dunkel auch die Nacht,
ich stehe auf mit Mut und Hoffnung,
wenn ein neuer Tag erwacht.

In Gottes Liebe kann ich ruhen,
entspannen für den neuen Tag,
kann alle Wege mit ihm gehen,
wohin er mich auch führen mag.

Ich folg ihm voll Vertrauen,
bin ja ein Kind in Gottes Hand,
er ist an meiner Seite,
seit er mich in die Welt gesandt.

Und fühle ich dann seine Liebe,
und seine Güte tief in mir,
bin ich niemals verloren,
denn mein Gott ist immer hier.

„Ich bin dein Engel"

Ein Engel stand an meinem Bett
und sah mir ins Gesicht,
sein Haar, es glänzte golden,
sein Körper war aus Licht.

„Ich bin dein Engel" sprach er leise,
„und bin dir immer nah,
begleite dich ein Leben lang,
bin immer für dich da.

Gott schickte mich, dich zu beschützen,
auf allen deinen Wegen,
er liebt dich sehr, du Menschenkind,
und gibt dir seinen Segen.

Geh in die Welt und leb dein Leben,
genieße Freude und das Glück,
freue dich an schönen Dingen,
und schaue nicht so oft zurück.

Dein Vater, der im Himmel ist,
er wird dir Hilfe geben,
er sorgt für dich an allen Tagen,
wünscht dir ein schönes Leben.

Bring Freude in die Welt der Menschen,
und lass dein Lachen froh erklingen,
wo Freude ist, vergehn die Sorgen,
so wird dein Leben wohl gelingen.

Und hab den Mut, leb deinen Traum,
der tief in deinem Herzen wohnt,
und schaust du später dann zurück,
siehst du, dein Mut hat sich gelohnt."

Stark und frei

Stark und frei, so ist jetzt mein Leben,
stark und frei, in jedem Augenblick,
stark und frei, was kann es schönres geben,
stark und frei, für mich gibt's kein zurück.

Was auch war, es ist längst vorüber,
was geschehn, es ist längst vorbei,
heut ist heut, ich lebe jetzt mein Leben,
stark und frei, ab jetzt bin ich dabei.

Lasse die Vergangenheit nun ruhen,
was geschehn ist, alles macht mich stark,
heut ist heut, ich lebe jetzt mein Leben,
fange an, an jedem neuen Tag.

Es gibt noch so vieles zu entdecken,
was das Leben jeden Tag mir schenkt,
stark und frei, so ist jetzt mein Leben,
weil nun Mut meine Schritte lenkt.

Mit Freude will ich nach vorne schauen,
hoffnungsvoll, so ist jetzt mein Blick,
stark und frei, so soll es immer bleiben,
heut ist heut, ich glaube an mein Glück.

Meinen Weg werde ich nun gehen,
denn ich weiß, ich bin nie allein,
Gott wird stets an meiner Seite stehen,
und wird alle Tage bei mir sein.

So will ich jetzt mein Leben neu beginnen,
mit Vertrauen mutig vorwärts gehn,
denn ich will an das Gute glauben,
frei und stark, ja das ist wunderschön.

Atomkraft – nein danke

Wie lange können wir es uns erlauben,
unseren Politikern noch zu glauben,
Ignoranz und halbes Wissen,
sind keine sanften Ruhekissen.

Atomkraft, wie sich wieder zeigt,
unser Können und Wissen übersteigt,
zu beherrschen ist sie noch lange nicht,
zeigt uns ihr zerstörerisches Gesicht.

Der Mensch und die Natur verlieren ihren Wert,
wenn die Gesellschaft sich am Profit nur nährt.
Ich kann und will es nicht verstehen,
wie kann man so engstirnig durchs Leben gehen.

Wir sitzen doch alle in einem Boot,
heute ist Japan - morgen sind andere in Not.
Überheblichkeit, wohin man schaut,
die keine sichere Zukunft baut.

Die Welt, sie wurde uns nicht gegeben,
sie zu zerstören – sondern zum Leben.
Was wollen wir unseren Kindern sagen,
wenn sie uns später danach fragen?

Oft treffen Naturgewalten die Menschen schwer,
müssen auch noch selbst gemachte Katastrophen her?
Ich kann nur hoffen, dass wir endlich sehen,
wie nahe wir schon am Abgrund stehen!

Umdenken müssen wir und überlegen,
Kernkraft bringt uns keinen Segen,
nur Leid und Zerstörung für Mensch und Natur,
das ist der Atomkraft verheerende Spur.

Regierungen müssen dies bedenken,
Energiewirtschaft in Zukunft anders lenken,
zum Wohle unserer Kinder und zum eigenen Segen,
und forschen und suchen nach neuen Wegen.

Dies fordere ich im Namen der Menschlichkeit,
die diese Fehler nicht mehr verzeiht,
Zerstörung von Natur und unschuldigem Leben,
darf es auch für Profit nie geben!

Atomverzicht

Leise steht ein Volk am Abgrund,
erduldet still, was dort geschieht,
schrecklich sind die vielen Bilder,
die man jetzt im Fernsehen sieht.

Tod und Leid das Herz berühren,
begreifen können wir es nicht,
was die Menschen dort ertragen,
steht geschrieben im Gesicht.

Wohin kann der Mensch sich wenden,
angesichts des Leides dort,
Zerstörung, Not, wohin man schaut,
wo findet sich ein Zufluchtsort?

Das Toben der Naturgewalten
erschüttert Land und Menschen schwer,
als wäre dies nicht schon genug,
kommt noch Gefahr von Kernkraft her.

Sie sei friedlich, ihre Nutzung,
hat man die Menschen einst belehrt,
nun mussten bitter sie erkennen,
diese Worte sind nichts wert.

Ignoranz und viele Lügen,
wer andres sprach, man glaubte ihm nicht,
doch nach dem, was nun geschehen,
die Lüge jetzt zusammenbricht.

Die Technik ist nicht zu beherrschen,
bringt Mensch und Umwelt in Gefahr,
wir alle müssen es nun büßen,
die Katastrophe, sie ist da!

Die Angst geht um, und auch die Sorge,
was muss denn alles noch geschehen,
bis Politiker erkennen,
so kann es nicht mehr weitergehen!

Mit welchem Recht spielt ihr mit Leben,
mit welchem Recht mit der Gefahr?
Wann werdet endlich ihr begreifen,
die Zeit zum Ausstieg ist nun da!

Mag die Vernunft doch endlich siegen,
noch deutlicher geht's wirklich nicht,
nach Tschernobyl und Fukushima
die Botschaft heißt A t o m v e r z i c h t !

So fliegt denn ihr Engel

So fliegt denn ihr Engel, ihr schönen,
wohlan um die Welt zu versöhnen,
den Menschen Frieden zu bringen,
damit ihre Träume gelingen.

Fliegt hoch in die himmlischen Sphären,
um Gott, unseren Vater zu ehren,
bringt uns seine Liebe hernieder,
jeden Tag, jede Nacht, immer wieder.

Bringt Hoffnung, Mut und Vertrauen,
darauf unsre Zukunft wir bauen,
bringt Verständnis, Versöhnung und Licht,
denn dann verzagen wir nicht.

In euren Flügeln sind wir geborgen,
jeden Tag, heute und morgen.
Habt Acht auf unsere Kinder,
wenn Herzen so kalt wie der Winter.

Dass ihre Seelen nicht erfrieren,
sie den Glauben nicht verlieren,
den Glauben an das Gute in der Welt,
dass die Liebe mehr zählt als das Geld.

Dass die Gemeinschaft uns Stärke gibt,
wenn einer den anderen liebt,
dass die Menschen sich Wärme geben,
für ein gutes und besseres Leben.

So fliegt denn ihr Engel, ihr schönen,
um die Herzen der Menschen zu versöhnen,
um den Krieg und den Hass zu beenden,
dann ist die Welt in guten Händen.

Ein wunderschöner Traum

Ein Sonnenengel fliegt übers Land,
um mit Wolken und Kälte zu streiten,
bringt Licht und Wärme in die Welt,
uns einen schönen Tag zu bereiten.

Mit seinem Schwert teilt er die Wolken,
die vor der Sonne stehen,
und schon können wir hinauf
bis in den Himmel sehen.

Ein Friedensengel fliegt durch das Land,
um mit Hass und Selbstsucht zu streiten,
bringt Hoffnung und Vertrauen mit,
dem Frieden den Weg zu bereiten.

Er streut Liebe und göttliches Licht,
über alle Menschen in der Welt,
so schließen die Völker Frieden,
sind eins unterm weiten Himmelszelt.

Ein goldener Engel schwebt übers Land,
um der Erde Heilung zu bringen,
er heilt alle Wunden und jeden Schmerz,
mit seinen goldenen Schwingen.

Bringt Heilung für Mensch, Tier und Natur,
macht Luft und Flüsse wieder rein,
oh welch ein wunderschöner Traum,
so muss es im Paradiese sein.

Haben Engel wirklich Flügel?

Haben Engel wirklich Flügel,
tragen sie ein weißes Kleid?
Wohnen sie im Himmel droben,
wissen über mich Bescheid?

Was ich denke, fühle, tue,
können sie all das verstehen?
Gehn sie mit mir meine Wege,
können in die Seele sehen?

Sind sie Gottes Himmelsboten,
zu meinem Schutz von ihm gesandt?
Können sie auch wirklich fliegen,
übers Meer und über Land?

Wohnen sie dort in den Wolken,
schlafen Engel niemals ein?
Stehen immer mir zur Seite,
lassen mich nie mehr allein?

Kann ich sie denn manchmal sehen,
oder mit dem Herzen spüren,
wenn sie ganz in meiner Nähe,
sachte meine Hand berühren?

Wenn ich weine, wenn ich lache,
sind sie immer für mich da?
Sind sie meine Wegbegleiter,
jetzt und immer, Jahr für Jahr?

Erscheinen sie mir in den Träumen,
zeigen mir mein Lebensziel?
Führn sie mich auch manchmal Wege,
die ich gar nicht gehen will?

Halten sie mich wenn ich falle,
helfen sie mir aufzustehen?
Geben Mut mir und Vertrauen,
um getrost nach vorn zu gehen?

Haben Engel wirklich Flügel?
Niemand konnte es mir sagen.
Doch in besonderen Momenten,
hab ich gespürt, dass sie mich tragen.

Herzlich willkommen zuhause!

Herzlich willkommen zuhause,
die Arbeit ist nun vorbei.
Kein Chef kann dich mehr ärgern,
du bist nun endlich frei!

Was du anfängst mit deiner Zeit,
das liegt allein bei dir.
Du kannst sie nutzen wie du willst,
bleibst sicher ab und zu bei mir.

Langweilig wird es sicher nicht,
das kann ich jetzt schon sagen.
Und fragst du dich „was soll ich tun",
dann kannst du mich ja fragen.

Die Freiheit, die dir nun geschenkt,
so nimm sie dankbar an.
Sie wird dir gut tun, glaube mir,
weil sie dir Freude schenken kann.

Du bist ab jetzt dein eigner Chef,
kannst selbst bestimmen was du tust,
ob arbeiten, ob Fahrrad fahren,
oder ob du einfach ruhst.

Bekommst sogar noch Geld dafür,
ist das nicht einfach wunderbar?
Das Rentnerdasein ist so schön,
ab jetzt und immer, Jahr für Jahr!

für Detlef

Happy Birthday

Du wirst nun 60 Jahre,
man sieht es dir nicht an,
bist schlank und fit und sportlich,
dass man nur staunen kann.

Im Herzen bist du jung geblieben,
hast viel gelernt im Leben,
bist meine Stütze alle Zeit,
und hast mir immer Halt gegeben.

Du bist ein guter Vater,
für deine Tochter immer da,
selbst Taxifahrten bis nach Köln,
macht selbstverständlich der Papa.

Bist kompetent in vielen Dingen,
dein Kopf ist klug und helle,
man schätzt dich auch als hilfsbereit,
als Mann für „viele Fälle".

Hältst dich nicht gern im Zimmer auf,
man findet dich oft draußen,
sieht dich mit deinem „roten Blitz",
dann durch die Gegend sausen.

Ein guter, liebenswerter Mensch,
das bist du stets für mich,
doch mehr erzähl ich heute nicht,
nur eines noch, „ich liebe dich".

Ich wünsch dir alles Gute,
Gesundheit alle Zeit,
dass es noch schöne Dinge gibt,
die dir die Zukunft hält bereit.

für Detlef

Herbstzeit

Langsam zieht der Herbst ins Land,
mit seiner bunten Farbenpracht,
bringt uns noch schöne Tage,
besonders wenn die Sonne lacht.

Das Herbstlaub auf den Bäumen,
es leuchtet wunderschön,
so macht es richtig Freude
durch Wald und Feld zu gehn.

Wir Menschen durften ernten,
was die Erde uns gegeben,
durch unsrer Hände Arbeit,
und durch Gottes Segen.

Abgeerntet sind die Felder,
und die Erde kommt zur Ruh,
schon ziehen Nebelgeister,
decken Wald und Wiesen zu.

Astern blühen in den Gärten,
in ihrem bunten Strahlenkleid,
doch in den Nächten spürt man schon,
bald ist wieder Winterzeit.

Lasst uns die schöne Zeit genießen,
die uns noch ihre Wärme schenkt,
bevor mit Kälte, Eis und Schnee,
der Winter die Geschicke lenkt.

Geburtstagswunsch

Ich wünsche dir ein gutes Jahr,
so schön wie es noch niemals war,
Gesundheit, Glück und Gottes Segen,
auf allen deinen Lebenswegen.

Ich wünsche dir Zufriedenheit,
und ganz viel Freude alle Zeit,
viel Frohsinn und auch Sonnenschein,
mögen in deinem Herzen sein.

Mit Hoffnung und mit Gottvertrauen,
magst du in deine Zukunft schauen,
freust du dich auch an kleinen Dingen,
so wird dein Leben dir gelingen.

Geburtstagswünsche

Ich schicke dir einen Engel,
der dich behütet und beschützt,
und dich auf all deinen Wegen begleitet.

Ich schicke dir tausend Sonnenstrahlen,
die in dein Herz fallen,
und dein Leben hell und schön machen.

Ich wünsche dir Mut und Zuversicht,
damit du dein Leben nach deinen
Wünschen und Träumen gestalten kannst.

Ich wünsche dir Gesundheit,
Glück, Liebe und Freude,
damit du ein schönes Leben hast.

Ich wünsche dir Gottes Segen

Ich wünsche dir Gottes Segen,
auf allen deinen Wegen,
Freude, Glück, Zufriedenheit,
heute und zu jeder Zeit.

Ich wünsche dir, dass bei Tag und Nacht,
stets ein Engel dich bewacht,
Gesundheit und ein schönes Leben,
sei dir alle Zeit gegeben.

…t,
… Stunden leuchtet,
…s Leben zeigt.

…n Engel,
… nimmt,
…deine Wunden heilt.

…ng
… selbst,
…dern kannst.

…versicht,
…vertrauen in die Zukunft findest,
…dein Leben wieder hell wird.

Glückwünsche zur Hochzeit

Gesundheit, Glück und Gottes Segen,
sei mit euch auf allen Wegen.
Die Liebe möge euch begleiten,
heute und zu allen Zeiten.

Vertrauen, Hoffnung, Zuversicht,
mögen leuchten euch als Lebenslicht.
Schaut ihr euch stets mit Liebe an,
das Leben gut gelingen kann.

Zeit der Lichter

Es ist die Zeit der Lichter,
der strahlenden Gesichter.
Es ist die Zeit zum Träumen,
nichts gibt es zu versäumen.

Es ist auch Zeit zum Rasten,
statt durch die Welt zu hasten,
die Zeit für Tannenduft,
und Schnee fliegt durch die Luft.

Es ist die Zeit für Heimlichkeiten,
um Menschen Freude zu bereiten,
und Zeit ist's für Geschichten,
vom Christkind zu berichten.

Es ist die Zeit für Harmonie,
denn alle Menschen brauchen sie,
Zeit ist's für Weihnachtslieder,
und auch Sankt Nikolaus kommt wieder.

Es ist die Zeit für schöne Sachen,
und Zeit für frohes Kinderlachen,
Zeit ist's zum Frieden schließen,
Gemeinschaft zu genießen.

Es ist die Zeit zum Innehalten,
das Leben anders zu gestalten.
Nutz sie für dich, die stille Zeit,
und mach dein Herz dafür bereit.

Winterszeit

Weißt du wie der Winter riecht?
Nach Schneegestöber, kalter Luft,
nach Bratapfel und heißer Suppe,
nach Tannen- und nach Kerzenduft.
Nach Weihrauch und nach Apfelsine,
nach Plätzchen und nach Mandelkern,
nach Zimt und Schokolade,
das mögen alle Kinder gern.

Weißt du wie der Winter schmeckt?
Nach allem was wir wollen,
nach selbst gemachtem Eiskonfekt
und Omas Weihnachtsstollen.
Auch Schokolade jeder Art,
zum trinken, knabbern, naschen,
ob nussig, fruchtig oder zart,
kommt nun in meine Taschen.

Weißt du wie der Winter klingt?
Nach Weihnachtsliedern, Glockenklang,
nach Flötenspiel im Zimmer drin,
und auch nach schönem Chorgesang.
Nach Heimlichkeiten, leisem Flüstern,
nach Schlittschuhlauf und Schneeballschlacht,
und auch nach frohem Kinderlachen,
doch still ist's in der heiligen Nacht.

*von Renate, Claudia Fachinger,
Florian Roos und Sarah Roos*

Weihnachtsland

Weiße Flocken fallen aus den Wolken,
die Schneekönigin ist wieder da.
Sie schenkt uns ihre weiße Pracht,
genauso wie im letzten Jahr.

Der See ist auch schon zugefroren,
und glitzert aus der Ferne.
Der Himmel ist klar und wolkenfrei,
es leuchten tausend Sterne.

Mit meinem Papa geh ich hinaus,
bringe Futter den Vögeln im Wald,
damit sie nicht verhungern müssen,
bestimmt ist auch ihnen sehr kalt.

Der Wald ist wie ein Zauberland,
alles ist weiß, wohin ich seh,
die Tannen haben Mützen auf,
Mützchen aus flauschigem Schnee.

Mit dem Schlitten fahren wir
durch verschneite Felder und Wiesen,
es ist so schön, warm eingepackt,
die weiße Pracht zu genießen.

Der Himmel ist rot eingefärbt,
ob die Englein Plätzchen backen,
und für den heiligen Abend schon
dem Christkind die Geschenke packen?

Ich bin schon richtig aufgeregt,
was das Christkind mir wohl bringt?
Ich wünsche mir eine Puppe,
die „Mama" sagt und Lieder singt.

Am Abend geh ich müde zu Bett,
ein Englein nimmt mich an der Hand,
führt mich in meinen Träumen
durchs wunderschöne Weihnachtsland.

Am Tor des Himmels Petrus steht,
er lässt uns beide ein,
und sagt, dass ich mal schauen darf,
doch müssen wir ganz leise sein.

Dort steht in hellem Lichterglanz
ein wunderschöner Weihnachtsbaum,
er ist so herrlich anzusehen,
ich traue meinen Augen kaum.

Und Englein eilen hin und her,
sie haben mächtig viel zu tun,
bald ist der Weihnachtsabend da,
es bleibt keine Zeit zu ruhn.

Schaukelpferde, Puppenwagen,
so viel Schönes gibt's zu sehen,
das Weihnachtsland ist wunderbar,
ich möcht am liebsten nie mehr gehen.

Dann wache ich am Morgen auf,
der Traum, er war so wunderschön,
nur eines hätt ich mir gewünscht,
hätt gern das Christkind noch gesehn.

Der Zauber dieser Weihnachtszeit
hüllt uns in Kinderträume ein,
Erinnerung ist ein Geschenk,
es ist so schön ein Kind zu sein.

Zauber der heiligen Nacht

Mit leuchtenden Kinderaugen
wir in der Stube stehn,
denn heute ist Heiligabend,
so feierlich und schön.

Ein Weihnachtsbaum im Lichterglanz,
so herrlich anzusehn,
und alle Jahre denke ich,
er war noch nie so wunderschön.

Geschmückt mit Kugeln und Sternen,
mit Lametta, so wunderbar,
und oben auf der Spitze sitzt
ein Engel mit goldenem Haar.

Wir singen voller Andacht
„Stille und heilige Nacht",
und ich spüre tief im Herzen,
wie ein Zauber in mir erwacht.

Der Zauber der göttlichen Liebe
bringt Frieden in die Welt,
bringt Hoffnung und Vertrauen
vom weiten Himmelszelt.

Und wenn auch dich der Zauber
der heiligen Nacht berührt,
dann weißt du es ganz sicher,
du hast Gottes Liebe gespürt.

Die Botschaft von Bethlehem

Es strahlt ein Stern am Himmelszelt,
bringt Botschaft uns vom Leben.
Ein Kind ist uns geboren,
was kann es schönres geben.

Vor langer Zeit in Bethlehem,
inmitten dunkler Nacht,
in einem alten Stalle,
von Engeln gut bewacht.

Ein Kind so zart, ein Kind so rein,
in Menschenhand gegeben,
bringt seines Vaters Liebe mit,
in unser aller Leben.

Die Botschaft, die das Kind uns bringt,
erzählt von Hoffnung, Licht und Frieden,
die uns durch Gottes Gnade,
für alle Zeit beschieden.

So lasst dem Stern uns folgen,
auch heut in unsrer Zeit,
und zeigen, dass wir sie verstehn,
die Botschaft Menschlichkeit.

Für meinen Papa

Ich schreibe dir nun einen Brief,
habe dir noch viel zu sagen,
ich schicke ihn zum Himmel hoch,
habe noch so viele Fragen.

Ist es auch schon lange her,
seit du nicht mehr bei uns bist,
oh Papa, ich hab dich so lieb,
habe dich so oft vermisst.

Hast mir gefehlt in frohen Stunden,
als ich Claudia geboren,
hast mir gefehlt in schweren Zeiten,
als ich die Babys hab verloren.

Du warst so wichtig stets für mich,
du warst mein Vorbild alle Zeit,
ich habe deinen Mut bewundert,
und auch deine Fröhlichkeit.

Auch deine Liebe zur Natur,
die hast du mir mitgegeben,
sie erinnert mich an dich,
hilft mir oft zu überleben.

Du warst mein Held in Kindertagen,
habe immer zu dir aufgeschaut,
und als du dann gegangen bist,
schien meine Zukunft mir verbaut.

Ich habe mich sehr schwer getan
mein Leben ohne dich zu leben,
war traurig, fühlte mich verlassen,
denn du hast mir stets Schutz gegeben.

Habe Freude und auch Glück
lange Zeit nicht mehr gespürt,
denn voller Trauer war mein Herz,
blieb von der Sonne unberührt.

Doch eines das ist mir nun klar,
es war nie in deinem Sinn,
das hast du sicher nicht gewollt,
dass ich nur noch traurig bin.

Und in der Zeit, die mir noch bleibt,
da will ich nun mein Leben leben,
dich in Erinnerung behalten,
der Freude eine Chance geben.

Du warst ein guter Vater mir,
kannst du auch nicht mehr bei mir sein,
so schaust du doch vom Himmel runter,
lässt deine Tochter nie allein.

Die Liebe, sie verbindet uns,
sie wird niemals vergehen,
und gehe ich von dieser Welt,
wirst du an meiner Seite stehen.

in Liebe von deiner Tochter

Sternenkinder

**Zur Erinnerung an meine Kinder
Andreas, Christian und Kim**

zur Erinnerung
an alle Kinder aus meiner Familie,
die schon während der Schwangerschaft,
oder nach der Geburt
zurück in die himmlische Heimat
gegangen sind,

und für alle Sternenkinder,
die ihre Spuren in unseren Herzen
und auf dieser Erde hinterlassen haben.

Erinnerung an eine schmerzvolle Nacht

Eine Nacht voller Schmerz und Leid,
eine Nacht voller Einsamkeit.
Ich bin doch noch so unerfahren,
so jung mit 23 Jahren.

Trage ein totes Kind in mir,
und liege ganz alleine hier.
Lasse einfach alles geschehen.
Die Wehen, sie kommen und gehen.

Die Angst erfüllt mein ganzes Herz,
der Körper ist ein einziger Schmerz.
Die Nacht, sie will nicht enden,
und niemand nimmt mich bei den Händen.

Ich bin so verlassen an diesem Ort,
und will am liebsten nur noch fort.
Die Beine, sie tragen mich nicht mehr,
alles ist voller Schmerz und doch so leer.

Allein, allein, ich ertrage es nicht!
Es ist so dunkel und nirgends ein Licht.
Sie lassen mich allein in meiner Not,
als das Kind geboren, ist auch ein Teil von mir tot.

Dann irgendwann ist jemand gekommen,
und hat mein Kind einfach mitgenommen.
Eine Zeit des Abschieds ließ man mir nicht,
hab mein Kind nie gesehen, sah nie sein Gesicht.

Ein schrecklicher Albtraum war diese Nacht,
bin noch immer nicht ganz daraus erwacht.
Der Schmerz ist noch tief in der Seele drin,
der Schock noch zu groß, um zu schauen dorthin.

So frag ich mich manchmal, was damals geschah,
ich kann's nicht begreifen, mein Kind ist nicht da.
Konnte es nicht berühren, konnte es nicht sehen,
wie will meine Seele das jemals verstehen?

Und doch will ich Hoffnung in mir spüren,
dass unsere Seelen sich manchmal berühren,
sich begegnen außerhalb von Raum und Zeit,
und die Liebe uns verbindet in alle Ewigkeit.

für Andreas in Liebe von deiner Mama

Dein Platz in meinem Herzen

Heute wäre dein Geburtstag,
hier bei uns in dieser Welt,
doch du lebst jetzt ganz woanders,
dort unterm weiten Himmelszelt.

Ich zünde eine Kerze an,
will immer an dich denken,
und schicke dir all meine Liebe,
mehr kann ich dir nicht schenken.

Vor mehr als 33 Jahren
trug ich dich unterm Herzen,
dann wurdest du geboren,
groß waren meine Schmerzen.

Nur du und ich alleine,
in dieser dunklen Nacht!
Wie wird ein Kind geboren,
wusste nicht wie man das macht.

So lag ich einfach hilflos da,
dem Schicksal still ergeben,
denn deine Seele war gegangen,
aus diesem Erdenleben.

Nach vielen langen Stunden,
da wurdest du geboren,
doch um mich war es dunkel,
ich hatte dich verloren.

So kalt und leer war meine Welt,
kein Lichtstrahl weit und breit,
in meinem Herzen war es dunkel,
in dieser schweren Zeit.

Ich konnte dich nicht kennen lernen,
und durfte dich nicht sehen,
ich musste mit leeren Händen
wieder nach Hause gehen.

So legte sich ein Schleier
ganz feste um mein Herz,
nur einfach nichts mehr spüren,
nur keinen neuen Schmerz.

Ich gab dir einen Namen,
nur der ist mir geblieben,
erinnert mich noch heute an dich,
ich werde dich immer lieben.

Ich kenne dich noch immer nicht,
weiß noch nicht wer du wirklich bist,
doch eines weiß ich ganz genau,
dein Platz in meinem Herzen ist.

für Andreas zum 33. Geburtstag
in Liebe von deiner Mama

Mein Sternenkind

Sternenkind, so nennt man dich,
weil du früh gestorben bist,
nicht mehr hier auf Erden lebst,
Heimat dir der Himmel ist.

Sternenkind, kann dich nicht sehen,
spüre deinen Körper nicht,
kann im Traum nur mit dir gehen,
schauen in dein Angesicht.

Sternenkind, ein schönes Wort,
auch wenn du längst erwachsen bist,
und seit 33 Jahren schon
im Himmel dein Zuhause ist.

Mein Sternenkind, das wirst du bleiben,
ganz tief in meinem Herzen drin,
und so wird es immer sein,
denn da, mein Kind, gehörst du hin.

Sternenkinder – du und ich,
darin sind wir alle gleich,
und unsere wahre Heimat ist
bei Gott in seinem Himmelreich.

für Andreas zum 33. Geburtstag
in Liebe von deiner Mama

Paradies

Du lebst in den Weiten des Himmels,
deine Heimat ist lange schon dort,
wo die Sterne ewig funkeln,
an diesem wunderschönen Ort.

Gottes Liebe, wohin man schaut,
hier gibt's keinen Kummer, kein Leid,
nur Schönheit ist hier zu spüren,
Frieden und Glück allezeit.

Klare Bäche, saubere Seen,
sie glitzern im Sonnenschein,
hier ist Heimat für alle Menschen,
und niemand ist dort je allein.

Die Liebe ist unvergänglich,
und überall dort zu spüren,
bei Menschen, Tieren und Blumen,
man kann sie immer berühren.

Du bist uns vorausgegangen,
lebst in Gottes herrlicher Welt,
bist glücklich für alle Zeiten,
unterm weiten Himmelszelt.

Eine Heimat, den Menschen geschenkt,
dort werden wir uns wieder sehen,
wenn unsre Zeit einmal gekommen,
und wir am Tor des Himmels stehen.

Es wohnt der göttliche Funke,
in uns allen auf dieser Welt,
und so führt auch uns Gottes Liebe,
einst hinauf bis zum Himmelszelt.

für Christian zum 24. Todestag in Liebe von deiner Mama

Sternenland

Du bist geboren vor der Zeit,
still, mit geschlossenen Augen,
bist wieder weggegangen,
ich kann es gar nicht glauben.

Die Träume gestorben,
ein verlorenes Glück,
du hast uns verlassen,
kommst nie mehr zurück.

Die Wiege bleibt leer,
kein Lächeln zu sehen,
muss mit leeren Händen
nach Hause gehen.

Du fehlst mir für immer,
bei Tag und bei Nacht,
ein Engel im Himmel
jetzt über dich wacht.

Und niemals kann ich
deine Hände berühren,
deinen kleinen Körper
ganz nah bei mir spüren.

Was bleibt ist die Trauer,
die Tränen im Gesicht,
eine Kerze für dich,
mit ihrem wärmenden Licht.

Ich gebe dich zurück
in Gottes Hand,
für kurze Zeit nur
warst du zu mir gesandt.

Doch du bist zurück
zu den Sternen gegangen,
ein neues Leben
dort anzufangen.

Ein Leben auf ewig
in Gottes Hand,
ein neues Leben
im Sternenland.

Meine Liebe, mein Kind,
sie hüllt dich ein,
so werden wir für immer
verbunden sein.

für Andreas und Christian
in Liebe von eurer Mama

Wir stehen all in Gottes Licht

Fliege mein kleines Sternenkind,
fliege dem Himmel entgegen,
dein Schicksal hat es so gewollt,
gehst nicht auf meinen Wegen.

Dein Weg führt dich woanders hin,
kann ich's auch nicht verstehen,
so schwer es mir auch manchmal fällt,
muss nun alleine weitergehen.

Ein Flügelschlag, der Augenblick,
der gemeinsam uns gegeben,
ein Berührungspunkt in Stille,
ein Teil von meinem Leben.

Der Schmerz hat mich so oft erdrückt,
hat mir den Lebensmut genommen,
und doch bin ich ganz still und leise,
mit dem Strom der Zeit geschwommen.

Wo nahm ich all die Kraft nur her,
muss ich mich manchmal fragen,
ich hab gelebt, als ob nichts wär,
mein Schicksal still getragen.

Doch ganz tief drinnen tut's noch weh,
da ist die Wunde noch zu spüren,
denn was ich einst mit dir erlebte,
wird mich ein Leben lang berühren.

Und doch ist er auch still, der Schmerz,
denn ein getrennt sein gibt es nicht,
gehst du auch einen andern Weg,
wir stehen all in Gottes Licht.

für Andreas in Liebe von deiner Mama

Ich vermisse dich

Eine Rose, die zu früh verblüht,
eine Sternschnuppe, die am Himmel verglüht,

ein Schmetterling, der in die Sonne fliegt,
eine Feder, die im Wind sich wiegt,

ein Vogel, der in den Lüften schwebt,
ein Engel, der über den Wolken lebt.

Das alles mein Kind bist du für mich,
ich vermisse und ich liebe dich.

für Kim in Liebe von deiner Mama

Ich zünde ein Licht an

Ich zünde ein Licht an,
für meine Trauer, meinen Schmerz.
Ich zünde ein Licht an,
für mein verwundetes Herz.

Ich zünde ein Licht an,
für den zerstörten Traum.
Ich nehme mir Zeit,
und gebe mir Raum.

Ich nehme mir Zeit,
meine Wunden zu heilen.
Ich nehme mir Zeit,
in dem Schmerz zu verweilen.

Ich nehme ihn an,
er gehört in mein Leben,
ohne zu trauern
kann's Frieden nicht geben.

Ich schreie zum Himmel:
„Bitte hilf, es tut so weh!"
Ich habe solche Angst,
dass ich zugrunde geh.

Ich fühle mich
so schrecklich verloren,
ich bin so allein,
habe ein totes Kind geboren.

Wer kann mir helfen,
wer gibt mir die Kraft,
dass mein Herz den Weg
aus der Dunkelheit schafft?

Ich bin so verlassen,
weiß nicht was ich tu.
Wo finde ich Trost,
wo finde ich Ruh?

Gott, gib mir Frieden,
gib du mir die Kraft,
dass es mein verwundetes Herz
durch die Trauer schafft.

Gehe du mit mir
durch die dunkle Nacht,
nimm mich in den Arm,
und gib gut auf mich acht.

Lass tief in mir leuchten
dein göttliches Licht,
zeige mir, dass du da bist,
dann verzweifle ich nicht.

für Andreas und Christian
in Liebe von eurer Mama

Trauer trägt dein wundes Herz

Sieh dir deine Trauer an,
damit die Wunde heilen kann,
und gib dich hin dem tiefen Schmerz,
denn Trauer trägt dein wundes Herz.

Schau nur hin, was ist geschehen,
du wolltest es nie wirklich sehen,
hast dich geschützt vor langer Zeit,
zur Trauer warst du nicht bereit.

Du hast dein Kind so früh verloren,
es war schon tot, als es geboren.
Es ging hinweg aus dieser Welt,
und flog hinauf zum Sternenzelt.

Ist dein Kind auch fortgegangen,
ein neues Leben anzufangen,
seine Seele, sie ist nicht verloren,
ist für die Ewigkeit geboren.

Die Liebe, sie verlöschet nicht,
wird dich begleiten wie ein Licht.
Dein Kind ging nur den Weg voraus,
hinein in Gottes ewiges Haus.

„Schau doch Mama, ich bin ja hier,
bin in Gedanken stets bei dir.
Wo wir auch sind auf dieser Welt,
wir wohnen unterm Himmelszelt.

Die Seele ist ein ewig Licht,
und ihr Glanz verlöschet nicht.
Bin ich für dich auch unsichtbar,
so bin ich trotzdem immer da.

Und willst du wieder mich berühren,
und meine Liebe zu dir spüren,
dann schaue in dein Herz hinein,
dort werde ich immer bei dir sein."

für Andreas, Christian und Kim,
und für alle Mütter, die ihr Kind verloren haben

Die kleine Seele neben mir

Du bist meine andere Hälfte,
lernte dich nie richtig kennen.
Ich wüsste gerne wer du bist,
möchte dich beim Namen nennen.

Bin noch immer auf der Suche,
sähe gerne dein Gesicht,
meine oft, ich könnt dich spüren,
aber sehn kann ich dich nicht.

Und doch gehören wir zusammen,
waren uns einmal sehr nah,
irgendwann bist du gegangen,
und ich blieb alleine da.

Fühlte mich einsam und verlassen,
und irgendwie verloren,
habe lang auf dich gewartet,
doch wurde ich allein geboren.

Irgendwann schien sie vergessen,
die kleine Seele neben mir,
doch etwas von dir ist geblieben,
in meinen Träumen bist du hier.

Himmel und Erde, sie sind eins,
sie sind eins, genau wie wir,
in Liebe sind wir zwei verbunden,
du bist in Ewigkeit bei mir.

Zwillingsseelen

Zwei Seelen gehören zusammen,
untrennbar für immer verbunden.
Auch wenn ich dich einst verloren,
nun hab ich dich wieder gefunden.

So groß wie unsere Liebe,
so groß war auch mein Schmerz,
als du mich damals verlassen,
und stillstand dein kleines Herz.

Die Liebe lebt immer weiter,
in mir und auch in dir,
auf immer und ewig untrennbar,
so bist du stets bei mir.

Kann ich dich auch nicht sehen,
du gibst mir Wärme und Licht,
ich gehe nun in mein Leben,
denn ich weiß, du verlässt mich nicht.

Mein Zwillingsstern

Ich lass dich zu den Sternen ziehen,
und es fällt mir wirklich schwer,
hätte dich so gern behalten,
doch dein Platz bleibt immer leer.

Es fehlt so viel, was schön gewesen,
als Einheit wären wir sehr stark,
und du wirst mir immer fehlen,
an jedem weiteren Erdentag.

Ich musste allein ins Leben gehen,
war manchmal einsam und verloren,
es wäre wunderschön gewesen,
wärest du mit mir geboren.

Dein Weg führt dich woanders hin,
wohnst nicht mehr in dieser Welt,
und schaue ich zum Himmel auf,
dann strahlt dein Stern am Himmelszelt.

Ob er mir wohl sagen will:
„Hey Schwesterherz, vergiss mich nicht,
denn wenn du dich einsam fühlst,
schickt dir mein Stern ein helles Licht.

Ich nehme dich in meinen Arm,
lasse dich niemals allein.
Auch wenn du mich nicht sehen kannst,
werde ich immer bei dir sein.

Und tief in deiner Seele drin,
da kannst du meine Liebe spüren,
wenn in besonderen Momenten,
unsere Welten sich berühren.

Und kommst du einst in meine Welt,
so werde ich dort auf dich warten,
dann werden wir zusammen sein,
im allerschönsten Rosengarten."

Sie sind uns nur geliehen

Sie sind uns nur geliehen,
und manchmal gehn sie fort,
sie leben dann woanders,
an unbekanntem Ort.

Wir können sie nicht sehen,
vermissen sie so sehr,
die Seele ist verwundet,
der Abschied fällt uns schwer.

Wir können nicht begreifen,
warum ist es geschehen,
dass unser Kind so früh
schon musste von uns gehen.

Die Liebe, sie verbindet uns,
und sie wird nie vergehen,
sie führt uns einst zusammen,
wenn wir den Himmel sehen.

für alle Eltern, die ihr Kind verloren haben

Auch wenn schon sehr viele Jahre vergangen sind,
seit ich meine Kinder während der Schwangerschaft
verloren habe, so kommen mir doch immer wieder
Gedanken an die Erlebnisse aus dieser Zeit. Es ist
nicht vorbei, und das wird es auch wohl nie sein,
denn solche Erlebnisse prägen eine Mutter für ihr
ganzes Leben.

Ein Kind unter dem Herzen getragen zu haben, und
es nicht sehen zu können, obwohl man es geboren hat,
ist eine schwere Belastung für die Seele der Mutter.
Denn wo es keinen Abschied gab, da bleibt das
eigentliche Geschehen oft unfassbar, unbegreifbar.
Die Trauer ist oft lange blockiert, denn wie kann ich
richtig trauern, wenn ich nicht sehen und wahrneh-
men konnte, um wen ich trauere. Eine Begegnung
von Angesicht zu Angesicht hat nie stattgefunden,
und so bleibt alles irgendwie wage, wie im Nebel
unsichtbar. Trotzdem ist da ein Schmerz, eine Wunde,
die nicht so richtig heilen kann, denn anschauen und
Abschied nehmen ist und bleibt ein Teil der Trauer,
und ein Teil des Begreifens, was wirklich geschehen
ist. Das Herz fühlt einen Schmerz, den der Verstand
oft nicht richtig begreifen kann, weil ihm die
Wahrnehmung des Geschehens genommen wurde.

Auch wenn die vergangenen Erlebnisse manchmal
unwirklich und wie in einem Nebel verschwommen
scheinen, so kommen der Schmerz und die Trauer
um diese meine Kinder doch immer wieder an die

Oberfläche. Ich habe sie nie sehen, nie berühren und nie in den Händen halten dürfen, und doch sind sie ein wichtiger Teil von mir und haben immer einen Platz in meinem Herzen. Sie gehören für immer zu mir, und ihnen gehört meine Liebe für alle Zeiten meines Lebens.

So bin ich eine Mutter von vier Kindern, und habe wenigstens das Glück, eines meiner Kinder ein Stück durch dieses Leben begleiten zu können, und ich hoffe und glaube, dass mich meine drei Sternenkinder, wenn auch unsichtbar durch mein Leben begleiten.

Gebete

Gott, ich lade dich ein in mein Leben.
Fülle es aus mit deiner Liebe.
Wo du bist, da ist kein Platz für Angst und Sorge.
Wo du bist, da ist Licht und Liebe,
Vertrauen, Hoffnung und Freude.

Gott hat uns in diese Welt geschickt, damit wir nach unserem freien Willen leben, trotz so mancher Einschränkung, die uns in unserem Leben widerfährt. Wir sind auf der Welt, um Erfahrungen zu sammeln und zu lernen. Für manche Menschen scheint das Leben leicht zu sein und nur auf der Sonnenseite stattzufinden, für andere Menschen hält es manchmal schwerere Lektionen und auch Schicksalsschläge bereit. Warum das so ist werden wir wohl nie ganz erfahren.

Aber eines ist sicher, Gott schickt uns nicht in diese Welt, ohne seine schützende Hand über uns zu halten. Er hat immer ein offenes Ohr für uns. Wenn wir ihn um Hilfe bitten, wird sie uns auch zuteil werden. Vielleicht nicht immer genau so, wie wir uns das vorstellen oder wünschen, aber wenn wir genau hinhören, oder hinschauen, dann werden wir erkennen, dass wir niemals ganz alleine sind und Gott uns seine helfende Hand hinhält.

Seine Hilfe ist von vielfältiger Art, vielleicht schickt er uns Begegnungen mit Menschen, die uns helfen, vielleicht schickt er uns einen Gedanken oder ein Gefühl, dem wir vertrauen und folgen sollten, vielleicht fällt uns zur rechten Zeit das richtige Buch in die Hand. Es gibt so viele verschiedene Möglichkeiten, in denen uns Gott seine Anwesenheit zeigt, wenn wir nur aufmerksam sind. Wenn wir unseren Gefühlen vertrauen und uns von ihnen leiten lassen, werden wir die Hilfe, die wir brauchen auch finden. Um diese Hilfe bitten müssen wir aber schon selber. Wir können mit unseren großen und kleinen Sorgen immer zu Gott kommen, nichts ist zu gering in seinen Augen.

Ich habe einige Gebete geschrieben, die mir selbst schon in gewissen Situationen hilfreich waren, und möchte sie hiermit weitergeben. Vielleicht helfen sie auch dir ein wenig.

Ich möchte dir Mut machen, dich in allen Lebenssituationen vertrauensvoll an Gott zu wenden und ihn um Hilfe zu bitten. Aber auch in unserer Freude und in glücklichen Zeiten sollten wir Gott nicht vergessen und ihm danken – danken für unser Leben, und für alle großen und kleinen Freuden, die er uns schenkt.

Du bist bei mir alle Tage

Gott, wo bin ich dir begegnet?
War es im Alltag, oder war es ein besonderer Tag?
Es gab Zeiten, da meinte ich, dich verloren zu haben.
Ich habe dich gesucht, doch ich konnte dich nicht finden.
Ich habe nach dir gerufen,
doch du hast mir nicht geantwortet.
Und dann irgendwann warst du einfach da.
Ich weiß weder den Tag noch die Stunde wann du
gekommen bist, ich weiß nur, dass ich niemals vorher
diese innere Zufriedenheit, diese Gelassenheit und
dieses tiefe Vertrauen in das Leben
und das ganze Sein in mir gespürt habe.
Du bist meine Vergangenheit, meine Gegenwart und
meine Zukunft. Und du warst immer bei mir, ich habe
es nur nicht gespürt.
Es gab Zeiten, da habe ich gemeint, dass irgendjemand
deine Existenz beweisen könne. Aber in Wirklichkeit
kann man deine Gegenwart nur in sich spüren.

Ein neuer Himmel und eine neue Erde

Und Gott schuf einen neuen Himmel und eine neue Erde.
Er senkte die Liebe in die Herzen aller Menschen,
damit sie Brüder und Schwestern werden.
Damit sie leben ohne Angst und im Vertrauen auf Gott,
damit sie Frieden schaffen und Frieden halten,
mit allen Geschöpfen und mit aller Kreatur.
Damit die Kriege enden, und der Friede einzieht
in die Welt und in die Herzen der Menschen.
So entsteht eine Welt voller Liebe und Licht,
in der es kein Leid und keinen Schmerz mehr gibt.
So entsteht eine Welt der Brüderlichkeit und
des Miteinanders, so wie Gott es immer gewollt hat,
damit keinem seiner Kinder ein Leid widerfahre.
Und das Licht und die Liebe breiten sich aus,
über die Grenzen der Erde hinaus,
bis hinein ins gesamte Universum.
Sie gebieten Einhalt allen Stürmen
und beherrschen die Naturgewalten.
Denn so will es Gott,
dass seine Schöpfung im Frieden und im Licht leuchtet,
wie tausend Sonnen,
dass sie die Liebe Gottes widerspiegelt,
in allem was lebt und allem was ist.
Denn kein Glanz ist schöner und strahlt heller
im Angesicht Gottes, als der Glanz der Liebe,
die allem und jedem innewohnt.
Darum lasst euer göttliches Licht leuchten
und versteckt es nicht,
damit die Menschen es sehen und sich damit anstecken.

Gott, erhalte diese Welt

Gott, ich liebe diese Welt,
wie du sie erschaffen hast,
mit all ihren Bergen und Tälern,
den grünen Wiesen, den Wäldern,
den Seen, und das blaue Meer.
Die Sonne scheint über die Menschen
und über jede Kreatur,
und unser Herz wird erwärmt durch ihre Strahlen.

Lass nicht zu, dass die Menschen die Natur zerstören,
mit ihrer Gier nach Macht und Profit.
Erhalte sie in ihrer ganzen Schönheit,
auch für unsere Kinder und Kindeskinder,
dass auch sie sich noch daran freuen können.

Bitte um Schutz für diese Welt

Vater im Himmel,
du Gott des Lichtes und der Weisheit,
du Gott der Liebe und der Güte,
du lässt dein Licht in diese Welt strahlen,
doch die Menschen wollen es oft nicht sehen.
Ihre eigene Macht ist ihnen wichtiger,
als in Liebe und Verständnis miteinander umzugehen.
Ihre Profitsucht und Gier machen selbst vor der Natur –
deiner wunderbaren Schöpfung – nicht halt.
Sie zerstören ohne nachzudenken,
nur um des eigenen Vorteils willen, und merken nicht,
dass sie dabei ihren eigenen Lebensraum zerstören.
Sie sind blind für all das Schöne, das du uns geschenkt hast.
So bitte ich dich oh Vater,
um Hilfe für die Menschen und für die Welt.
Lass die Menschen erkennen,
dass nur im guten Miteinander
ein schönes und glückliches Leben möglich ist.
Lass sie erkennen, wie wichtig es für uns alle ist,
die Natur zu schützen und liebevoll mit ihr
und allen Geschöpfen umzugehen.
Denn alles ist uns geschenkt,
damit wir es für die nachfolgenden Generationen
in ihrer Schönheit erhalten und bewahren,
dass auch sie noch heil und gesund auf dieser Erde
in Glück und Freude leben können.
Lass deinen Geist tief in die Herzen der Menschen
dringen, damit sie erkennen was gut und richtig ist,
und auch um ihrer selbst willen deine Schöpfung in
ihrer ganzen Schönheit und Pracht bewahren.

Bitte um Schutz und Segen

Gott, ich bitte dich um deinen Schutz und deinen Segen,
für mich und für die Menschen, die ich liebe.
Begleite uns auf all unseren Wegen,
jeden Tag und jede Nacht.
Halte fern von uns Unglück und Leid.
Lass uns Freude, Frieden, Harmonie
und Gelassenheit spüren.
Schenke uns Vertrauen in uns selbst und in das Leben.
Stärke unseren Glauben an dich,
und an das Gute in der Welt und in den Menschen.
Lass dein Licht über uns leuchten, jetzt und alle Zeit.
Segne und behüte uns im Namen des Vaters,
des Sohnes und des heiligen Geistes.

Amen

Mein Vater unser

Vater unser im Himmel,
heilig ist dein Name und unendlich deine Schöpferkraft.
Dein Reich ist unter uns und in uns.
Dein Wille geschehe im Himmel und auf Erden.
Bitte gib uns, was wir für unser Leben brauchen.
Vergib uns unsere Zweifel und Schwächen,
wie auch wir den Menschen vergeben,
die uns verletzt haben.
Führe und begleite uns auf unseren Wegen,
und bewahre uns und die Menschen,
die wir lieben, vor Schaden.
Schenke uns Weisheit, Glauben und Vertrauen.
Denn du bist die Quelle der Kraft,
du bist Liebe, Güte und Freude,
jetzt und in Ewigkeit.

Gegrüßet seist du Maria, Mutter Jesu.
Der Herr ist mit dir.
Du bist auch unsere Mutter.
Breite den Mantel der Liebe über uns aus.
Bitte für uns um Gottes Segen,
und geleite uns einst zum Tor des Himmels.

Amen

Mein Glaubensbekenntnis

Ich glaube an Gott, der unser Vater ist,
und der Himmel und Erde erschaffen hat.
Er schenkt uns seine Liebe und
verzeiht uns unsere Fehler und Schwächen.

Ich glaube an Jesus Christus, Gottes Sohn,
der unser Bruder ist,
und dessen Mutter Maria auch unsere Mutter ist.
Er ist in die Welt gekommen,
um uns Liebe und Frieden zu bringen,
und uns den Weg zum Vater zu zeigen.
Er ist gestorben und auferstanden,
damit wir erkennen, dass es keinen Tod gibt.

Ich glaube an den Heiligen Geist,
der den göttlichen Funken in die Welt trägt,
und dessen Licht in uns allen leuchtet.

Ich glaube, dass unsere Seele ewig lebt,
und dass wir am Ende dieses Lebens
in ein neues Leben gehen,
in dem es kein Leid und keinen Tod mehr gibt.
Dort werden wir die Herrlichkeit Gottes,
unseres Vaters schauen, der uns voller Liebe
in seine Arme nimmt und uns eine ewige Heimat gibt.

Ich glaube, dass wir die Menschen wieder finden,
die uns vorausgegangen sind,
und mit denen wir in Liebe verbunden sind.
Die Liebe ist der Ursprung allen Lebens
und die Wurzel unseres Glückes und des Friedens.
Denn am Ende des Lebens steht das Leben,
jetzt und in alle Ewigkeit.

Amen

Gott führt uns zum Licht

Unsere Hilfe ist im Namen des Herrn,
der Himmel und Erde erschaffen hat.
Seine Liebe befreit uns
von Sorgen und Angst, Krankheit und Not.

Er schenkt uns Glauben, Vertrauen,
Hoffnung und Zuversicht.
Er lässt sein Licht über uns leuchten,
jetzt und alle Zeit.

Er hält uns in seinen Händen,
und führt uns selbst durchs tiefste Tal.
In dunkelster Nacht ist er unser Halt,
der uns leitet durch alle Hindernisse
und Stürme des Lebens.

Er lässt die Sonne über uns scheinen
und erhellt alles Dunkel.
Er wendet unser Schicksal zum Guten
und führt uns zum Licht.

Unsere Hilfe ist im Namen des Herrn,
der Himmel und Erde erschaffen hat.
Denn er ist die Liebe und das Licht,
die Kraft und die Freude.

Er ist bei uns alle Tage.
Er schenkt uns Heilung,
und segnet uns jeden Tag.

Amen

Hoffnung und Vertrauen

Gott, ich bitte dich!

Lass dein Licht über mir leuchten,
damit es in meinem Leben wieder hell wird.

Gib mir Mut und Zuversicht,
damit mich auch an dunklen Tagen
die Hoffnung nicht verlässt.

Schenke mir Glauben und Vertrauen,
dass ich jeden Tag neu beginnen kann.

Lass die Sonne in mein Herz scheinen,
damit sie mich wärmt, wenn es mir kalt ist.

Schick mir einen Schmetterling,
der mir zeigt, wie leicht das Leben sein kann.

Lass Blumen für mich blühen,
damit ich mich an die schönen Dinge
des Lebens erinnere.

Lass mich spüren,
dass du immer bei mir bist, egal wo ich bin.

Gott, du willst immer nur das Beste für mich.
Hilf mir, dass ich meinen Weg und mein Ziel
nicht aus den Augen verliere,
und meiner Seele folge, wohin sie mich führt.

Lass uns in Freude leben

Gott, deine Güte ist so groß
und so weit wie der Himmel reicht.
Du liebst uns, deine Kinder.
Du hast uns erschaffen zu deiner Freude
und willst, dass wir diese Freude leben.

Sei du uns gnädig,
höre unsere Stimme und sieh unseren Kummer.
Nimm hinweg von uns alle Sorgen und Ängste.
Befreie uns aus unseren Nöten,
und führe uns aus der Dunkelheit ins Licht,
damit wir deine göttliche Freude leben,
und die Liebe in die Welt tragen können.

Denn so ist es dein Wille für uns,
dass wir in Freude leben,
und deine Botschaft der Liebe zu den Menschen tragen.
Mach unser Leben hell und leicht,
lass die Nebel sich lichten,
und die Sonne wieder in unsere Herzen scheinen.

Amen

Zeige mir den Weg

Voller Dankbarkeit bin ich Herr,
für alles, was du mir schenkst.
Ich danke dir für meine Familie,
für meine Freunde, für mein schönes Heim,
und dass ich immer genug
zu essen und zu trinken habe.
Öffne meine Augen, um zu sehen,
was du mir zeigen willst.
Öffne meine Ohren, um zu hören,
was du zu mir sprichst.
Öffne mein Herz für die Liebe,
die du mir schenkst.
Zeige mir den Weg, der mich zur Heilung führt,
und begleite mich, dass ich mich nicht verirre.
Hilf mir, alle Ängste und Sorgen loszulassen,
und gib mir den Mut,
im Vertrauen auf dich neue Wege zu wagen.
Lass dein Licht über mir leuchten,
damit ich ihm folgen kann.
Lass mich spüren, dass du immer bei mir bist,
und segne mich im Namen des Vaters,
des Sohnes und des heiligen Geistes.

Amen

Ich bin dein Kind

Mein Herr und mein Gott,
mein Vater im Himmel,
du hast mich erwählt als dein Kind.
Dein bin ich, jetzt und allezeit.
Bei dir bin ich geborgen Tag und Nacht.
Du lässt dein Licht über mir leuchten,
und führst mich auf dem Pfad der Liebe durch diese Welt.
Dein Geist und deine Weisheit durchströmen mich,
und schenken mir Harmonie,
Frieden, Gelassenheit und Freude.
Du breitest deine Hände über mir aus,
und schenkst mir Gesundheit für meinen Körper,
für meinen Geist und für meine Seele.
Zu dir darf ich kommen,
mit allem, was mich bedrückt,
und mit allem, was mir Freude macht.
Allezeit will ich dir vertrauen,
und dir von Herzen danken,
für deine große Liebe und für die Hilfe,
die du mir immer wieder zuteil werden lässt.
Segne und behüte mich,
im Namen des Vaters, des Sohnes,
und des heiligen Geistes.

Amen

Du bist mein Licht

Gott, du bist mein Licht und mein Heil.
Ich danke dir, dass ich mit meinen Sorgen,
Ängsten und Nöten immer zu dir kommen kann,
um deine Hilfe zu erbitten.
Du kennst all meine Gedanken und Gefühle,
und weißt viel besser als ich, was mir fehlt.
Ich bitte dich, befreie mich von
all meinen Beschwerden und schenke mir
Gesundheit für Körper, Geist und Seele.
Öffne mein Herz und meinen Geist
für die Botschaften deiner Liebe.
Stärke und festige meinen Glauben daran,
dass du mir hilfst und mich heilst.
Lass mich wieder Hoffnung, Vertrauen,
Frieden, Ruhe und Gelassenheit spüren.
Gib mir Kraft und Energie zum Leben.
Zeige mir den Weg, der mich zur Heilung führt,
und schenke mir Gesundheit, Glück
und die Fülle des Lebens.
Lass mich die Freude am Leben wieder spüren.
Du begleitest mich Tag und Nacht.
Lass mich deine Nähe fühlen,
und segne mich im Namen des Vaters,
des Sohnes und des heiligen Geistes.

Amen

Du begleitest mich

Mein Herr und mein Gott, mein Vater im Himmel,
du umgibst mich mit deiner Liebe,
und begleitest mich durch diese Welt,
denn ich bin dein Kind.
Bei dir bin ich geborgen Tag und Nacht.
Du lässt dein Licht über mir leuchten,
und befreist mich von allen Ängsten, Sorgen und Nöten.
Dein Geist und deine Weisheit durchströmen mich
und schenken mir Harmonie, Ruhe,
inneren Frieden und Gelassenheit.
Du gibst mir Hoffnung, Vertrauen und Zuversicht,
und schenkst mir jeden Tag neue Kraft und Energie.
Du hältst mich in deinen Händen
und heilst all meine Wunden und Verletzungen.
Jeden Tag kann ich neu beginnen,
denn du machst mich frei.
Du schenkst mir vollkommene Gesundheit
für meinen Körper, meinen Geist und meine Seele.
Mit dir ist mein Leben hell und schön,
denn du schenkst mir Freude, Glück
und die Fülle des Lebens.
Dafür danke ich dir von ganzem Herzen
und mit all meiner Liebe.

Amen

Schutz und Segen

Lieber Gott, ich bitte dich
um deinen Schutz und deinen Segen
für mich und meine Familie,
für meine Verwandten, meine Freunde,
und für all die Menschen, die ich liebe.
Begleite und beschütze uns auf all unseren Wegen,
jeden Tag und jede Nacht.
Halte fern von uns Unglück, Ängste, Sorgen und Leid.
Stärke unseren Glauben an dich,
und an das Gute in der Welt und in den Menschen.
Schenke uns Vertrauen, damit wir voller Hoffnung
und Zuversicht durchs Leben gehen.
Lass uns Freude, Frieden,
Harmonie und Gelassenheit spüren,
und lenke unseren Blick auf das Schöne in der Welt.
Du lässt dein Licht über uns leuchten, jetzt und alle Zeit.
Segne und behüte uns im Namen des Vaters,
des Sohnes und des heiligen Geistes.

Amen

Du bist mein Schutz und mein Halt

Mein Vater, ich bitte dich,
schenke mir einen starken Glauben und das Vertrauen,
dass du mit deiner Liebe immer bei mir bist.
Gib mir Geduld und Zuversicht, sodass ich dir folgen kann,
in allem, was du mich lehren willst.
Deine Liebe ist so groß,
dass ich sie mit meinem Herzen nicht erfassen kann,
deine Güte ist unendlich und
größer als die höchsten Berge.
Du holst mich aus den Tiefen der dunkelsten Nacht,
und führst mich empor zu den höchsten Höhen.
Kein Rufen verhallt vor dir ungehört,
und kein Bitten wird vom Wind davon geweht,
ohne dass es dein Ohr erreicht hat.
Du bist mein Halt in der Not, und meine Insel,
die mich rettet, wenn die Wogen des Lebens
über mir zusammenschlagen.
Du bist mein Fels in der Verzweiflung,
und meine Freude und mein Licht im Alltag.
Was wäre ich, oh Gott, ohne dich und deine Liebe.
Ich wäre verloren und jedem Sturm schutzlos ausgeliefert.
Deine Hand hält mich fest,
und leitet mich auf den Pfaden meines Lebens.
Öffne mein Herz, dass ich deine Anwesenheit fühle,
öffne meine Ohren, dass ich deine Stimme höre,
und öffne meine Augen für die Wunder,
die du jeden Tag geschehen lässt.
Hülle mich ein in deiner Liebe,
so bin ich geborgen bei Tag und bei Nacht,
und finde Frieden in meiner Seele.

Amen

Schenke mir Frieden

Gott, ich bitte dich,
schenke mir Frieden für meine Seele,
Gesundheit für meinen Körper
und Weisheit für meinen Geist.

Öffne meine Ohren,
dass ich deine Stimme höre,
öffne meine Augen,
für die Wunder des Lebens,
öffne mein Herz,
dass ich deine Liebe spüre.

Stärke meinen Glauben an das Gute,
meine Hoffnung für die Zukunft,
und mein Vertrauen in das Leben.

Führe und leite mich auf meinen Wegen,
und schenke mir Ruhe und Gelassenheit.
Nimm mich in deine Hände,
und segne mich im Namen des Vaters,
des Sohnes und des heiligen Geistes.

Amen

Hilfe in der Not

Ich danke dir oh Gott,
du bist das Licht, das mir leuchtet in der Finsternis.
Du bist meine Stärke und mein Halt in schwerer Zeit.
Du holst mich aus der Tiefe ins Licht,
und führst mich den Pfad zurück ins Leben.
Ich brauche nicht zu verzweifeln,
auch wenn alles um mich herum dunkel scheint,
denn du bist bei mir Tag und Nacht.
Du lässt dein Licht für mich leuchten,
und hältst mich in deinen Händen,
wenn die Wogen des Lebens
über mir zusammenschlagen.
Du leitest und begleitest mich
in ein neues, schönes Leben.
Du gibst mir die Freude zurück
und erhellst alles Dunkel.
Du vertreibst alle Wolken,
und lässt die Sonne für mich scheinen.
Du machst mein Leben hell und schön.
Voller Vertrauen komme ich zu dir und bitte dich,
befreie mich von allen Ängsten, Sorgen und Nöten.
Befreie mich von allem, was mir nicht gut tut.
Heile alle meine Wunden, Verletzungen und Krankheiten,
jetzt und für immer.
Ich danke dir oh Gott, du bist mein Licht und mein Heil.

Amen

Bitte um Heilung

Gott, ich danke dir,
dass ich immer zu dir kommen kann,
um deine Hilfe zu erbitten.
Du kennst all meine Sorgen, Ängste und Nöte,
all meine Gedanken und Gefühle,
und weißt viel besser als ich, was mir fehlt.
Ich bitte dich,
befreie mich von all meinen Beschwerden.
Heile meinen Körper.
Heile meinen Geist.
Heile meine Seele.
Öffne mein Herz und meinen Geist
für die Botschaften deiner Liebe.
Stärke und festige meinen Glauben daran,
dass du mir hilfst.
Zeige mir den Weg, der mich zur Heilung führt,
und lass mich Hoffnung, Vertrauen, Frieden,
Harmonie und Gelassenheit spüren.
Gib mir Kraft und Energie,
und lass mich die Freude am Leben wieder fühlen.
Schenke mir Gesundheit, Glück,
und die Fülle des Lebens.
Du bist bei mir Tag und Nacht.
Lass mich deine Nähe spüren,
und segne mich im Namen des Vaters,
des Sohnes und des heiligen Geistes.

Amen

Jesus, bitte hilf mir

Jesus, du hast uns die Liebe des Vaters gebracht,
und du hast Menschen geheilt.
Du hast gesagt: „Ich bin bei euch alle Tage",
und damit hast du auch mich gemeint.
Du breitest deine Hände aus,
und ich darf immer zu dir kommen,
um dich um Hilfe zu bitten.
Voller Vertrauen bitte ich dich:
Lass mich spüren, dass du immer bei mir bist,
und mich mit deiner Liebe begleitest.
Öffne mein Herz für deine Worte
und für die Liebe des Vaters.
Nimm von mir alle Sorgen und Ängste,
und heile auch meine körperlichen Beschwerden.
Mach mich gesund an Körper, Geist und Seele.
Stärke meinen Glauben an den göttlichen Funken in mir,
und gib mir Kraft und Energie zum Leben.
Schenke mir Hoffnung, Vertrauen und Zuversicht,
damit ich den Mut habe, mein Leben zu wagen.
Hilf mir auf meine Seele zu hören,
und ihr zu folgen, wohin sie mich führt.
Jesus, du bist mein Bruder,
und wir sind alle Kinder des einen Vaters.
Sein Wille ist es, dass unser Leben gelingt.
Ich bitte dich, hilf mir, dem Willen Gottes zu folgen.

Amen

Lass mich in deinem Lichte stehen

Lieber Gott, ich bitte dich,
halte deine Hände über mich,
gib mir deinen Segen,
führe mich auf meinen Wegen.

Schenke mir Geborgenheit,
Mut und Hoffnung alle Zeit,
Vertrauen und auch Zuversicht,
lass leuchten hell mein Lebenslicht.

Lass mich deine Liebe spüren,
lass deine Hände mich berühren,
befreie mich von meinen Sorgen,
sei bei mir, heute und auch morgen.

Lass mich in deinem Lichte stehen,
wo alle Ängste schnell vergehen.
Oh mein Gott, ich bitte dich,
mach mich gesund und heile mich.

Gottes Licht

Gott, dein Licht leuchtet mir, wo immer ich bin.
Deine Liebe begleitet mich durch mein Leben.
Durch dich erfahre ich Heilung.
Du heilst meinen Körper.
Du heilst meinen Geist.
Du heilst meine Seele.
Ich danke dir von ganzem Herzen
für deine Liebe und deine Güte.
Du machst mich frei,
und schenkst mir Harmonie, inneren Frieden,
Ruhe und Gelassenheit.
Du erfüllst mein Leben mit Freude und Glück.
Bei dir bin ich geborgen Tag und Nacht.
Du hältst mich in deinen Händen,
und segnest mich im Namen des Vaters,
des Sohnes und des heiligen Geistes.

Amen

Gottes Heilkraft

Gott, du bist gütig und barmherzig,
und umgibst mich mit all deiner Liebe
und mit deinem göttlichen Licht.
Bei dir bin ich geborgen, jetzt und alle Zeit.
Wie wunderbar ist deine Heilkraft.
Sie befreit mich von allen Ängsten, Sorgen und Nöten,
von allem, was mir nicht gut tut,
und was mein Leben behindert.
Du gibst mir Hoffnung, Vertrauen und Zuversicht,
und schenkst mir jeden Tag neue Kraft und Energie.
Du heilst meinen Körper, meinen Geist und meine Seele
von allen Wunden und Verletzungen,
und schenkst mir vollkommene Gesundheit.
Jeden Tag kann ich neu beginnen,
denn du machst mich frei und schenkst mir
Freude, Glück und die Fülle des Lebens.
Mit dir ist mein Leben hell und schön.
Dafür danke ich dir von ganzem Herzen
und mit all meiner Liebe.

Amen

Lass mich deine Kraft spüren

Alle Tage bist du bei mir, oh Gott.
Du begleitest mich auf all meinen Wegen,
gibst mir Schutz und Segen alle Zeit.
Auch wenn ich es manchmal nicht spüre,
so bist du mir doch immer nah.

Du schenkst mir Kraft und Stärke alle Tage.
In deinen Händen bin ich geborgen,
wie ein Kind im Mutterschoß.
Durch deine Kraft lebe ich
und alles ist mir möglich.

Lass mich deine Kraft in mir spüren,
schenke mir einen starken Glauben,
und Vertrauen in das Leben,
damit heilen kann, was zu heilen ist.

Nimm alle Ängste, Sorgen
und Unsicherheiten von mir,
damit ich meinen Weg mutig gehen,
und mein Leben, das du mir geschenkt hast,
voller Zuversicht und Freude leben kann.

Amen

Gib mir deine Stärke

Gott, ich bitte dich
um deinen Schutz und deinen Segen.
Gib mir deine Stärke
und schenke mir Halt im Alltag,
in all den kleinen und großen Dingen,
die mir schwer fallen.
Mit deiner Hilfe wird mir gelingen,
was ich alleine nicht schaffen kann.

Jesus, du hast zu deinen Jüngern gesagt:
„Ich bin bei euch alle Tage",
und damit hast du auch mich gemeint.
Lass mich spüren, dass du immer bei mir bist,
dann wird mein Leben leicht.
Nimm von mir alle Ängste und Unsicherheiten,
damit ich meinen Weg im Vertrauen auf dich
und auf deine Hilfe gehen kann.

Amen

Schutz vor Negativem

Lieber Gott, ich bitte dich,
halte deine Hände über mich,
und schütze mich
vor allen negativen Einflüssen.
Schenke mir Mut, Hoffnung,
Vertrauen und Zuversicht,
damit alles ängstliche, sorgenvolle
und trübe von mir abfällt.
Befreie mich von allen Gedankenmustern,
die mir das Leben schwer machen.
Heile meine Wunden und Verletzungen.
Löse alle traumatischen Erlebnisse,
und befreie mich von ihren Auswirkungen,
damit mein Leben hell und schön ist.
Fülle meinen Geist mit guten Gedanken,
und meinen Körper mit guten Gefühlen,
damit meine Seele heilen kann.
Lenke meinen Blick auf das Schöne im Leben.
Heile alle Beschwerden meines Körpers,
meines Geistes und meiner Seele.
Schenke mir Gesundheit, Liebe, Freude,
Glück und die Fülle des Lebens.

Danke!

Löse meine traumatischen Erlebnisse

Lieber Gott,
in meinem Leben gab es
Verletzungen, Wunden und Erlebnisse,
die sich tief in mein Herz
und in meine Seele eingegraben haben,
viel tiefer noch, als ich es gedacht habe.
Sie bestimmen und blockieren
auch heute noch mein Leben.
Ich bin manchmal wie erstarrt und gelähmt,
und weiß nicht was ich tun kann,
um diese Verletzungen und Wunden zu heilen,
und die Auswirkungen dieser Erlebnisse zu lösen.
Du bist allmächtig und gütig,
und willst, dass es mir gut geht.
Du bist allwissend, und dir ist alles möglich.
Ich vertraue auf dich und bitte dich um deine Hilfe.
Lass deine Liebe und dein heilendes Licht
durch mich hindurch strömen,
und befreie mich von allem, was mir weh tut.
Löse den Panzer, der sich um mein Herz
und um meine Seele gelegt hat.
Löse alle traumatischen Erlebnisse
und ihre Auswirkungen.
Heile meine Verletzungen,
meine Wunden und meinen Schmerz,
damit ich frei und voller Freude
mein Leben genießen kann.
Ich bitte dich!

Bereit für deinen Dienst

Gott, ich danke dir,
dass du mich mit deiner Liebe und Güte
auf meinem Weg begleitest.
Du hilfst mir gesund und heil zu werden,
und den Sinn meines Lebens zu finden.
Ich bin nun bereit in deinen Dienst zu treten,
und anderen Menschen zu helfen.
Öffne meine Augen, damit ich sehen kann,
wohin mein Weg mich führt.
Öffne meine Ohren und mein Herz,
damit ich deine Worte höre und verstehe.
Schenke mir Kraft und Energie,
damit ich deine Botschaft und deine Liebe
in die Welt und zu den Menschen tragen kann.
Sag mir was du von mir willst,
und was ich tun kann,
um deinen Willen zu erfüllen.
Denn dein Wille ist auch mein Wille,
und dein Heil ist auch mein Heil,
jetzt und alle Zeit.
Ich bitte dich, gib mir deinen Segen,
und segne alle Menschen,
denen ich auf meinem Lebensweg begegne.

Amen

Bitte um Heilung eines kranken Menschen

Lieber Gott,
voller Vertrauen komme ich zu dir,
um deine Hilfe für .... zu erbitten.
Du bist allmächtig und gütig.
Du bist allwissend und dir ist alles möglich.
Lass dein Licht über ihr (ihm) leuchten,
und halte sie (ihn) in deinen Händen.
In deiner Liebe ist sie (er) allezeit geborgen.
Lass deine Heilkraft in ihren (seinen) Körper strömen,
und befreie sie (ihn) von all ihren (seinen) Beschwerden,
Ängsten, Sorgen und Nöten.
Gib ihr (ihm) Kraft und Energie,
und stärke ihre (seine) Selbstheilungskräfte.
Heile ihre (seine) Wunden.
Heile ihre (seine) Verletzungen.
Heile ihren (seinen) Schmerz.
Lass sie (ihn) Vertrauen, Hoffnung und Zuversicht spüren.
Schenke ihr (ihm) Harmonie, inneren Frieden, Ruhe,
Gelassenheit und vollkommene Gesundheit.
Schenke ihr (ihm) Freude und die Fülle des Lebens.
Heile ihren (seinen) Körper.
Heile ihren (seinen) Geist.
Heile ihre (seine) Seele.
Behüte und beschütze sie (ihn) auf all ihren (seinen) Wegen,
und segne sie (ihn) im Namen des Vaters,
des Sohnes und des heiligen Geistes.
Lieber Gott, du hast gesagt:
„Bittet und ihr werdet empfangen."
So bitte ich dich, erhöre mein Gebet.
Lass .... deine Hilfe zuteil werden,
und mache sie (ihn) wieder ganz gesund.

Amen

Unter deinem Schutz

Unter deinem Schutz, oh Gott, verweile ich,
um Heilung zu erlangen durch deinen Geist.
Dein göttliches Licht leuchtet in mir,
und macht mich heil und gesund.
Durch deine Liebe lebe ich frei und ohne Sorge.
Der Tag schenkt mir Freude und die Nacht gibt mir Ruhe.
Bei dir bin ich geborgen alle Zeit meines Lebens.
Deine Kraft wirkt in mir, und schenkt mir Stärke und Mut,
um die Aufgaben des Lebens zu bewältigen,
und meinen Weg voller Vertrauen zu gehen.
Unter deinem Schutz, oh Gott, verweile ich,
um Heilung zu erlangen durch deinen Geist.

Dank für Hilfe und Heilung

Wir danken dir oh Gott,
für die Hilfe und die Heilung,
die wir durch deine Liebe erfahren durften.
Führe und leite uns auf unseren Wegen,
jetzt und alle Zeit, und lass uns spüren,
dass du immer bei uns bist.

Amen

Gottvertrauen

Mein Herr und mein Gott, auf dich vertraue ich alle Zeit.
Du schenkst mir Kraft und Energie zum Leben.
Dein göttliches Licht und deine Heilkraft
durchströmen mich.
Du befreist mich von allen Ängsten, Sorgen und Nöten,
von allen Krankheiten und Beschwerden,
und heilst alle Wunden und Verletzungen,
jetzt und für immer.
Durch deine Liebe und deinen göttlichen Willen
bin ich geheilt.
Ich bin gesund an Körper, Geist und Seele,
und ich bin frei.
Denn so ist es dein Wille für mich,
dass ich in Gesundheit, Freude und Glück leben kann.
Du segnest und behütest mich, jetzt und alle Zeit,
im Namen des Vaters, des Sohnes
und des heiligen Geistes.

Amen

Gib mir deinen Segen

Lieber Gott ich bitte dich,
behüte und beschütze mich,
gib mir deinen Segen,
auf allen meinen Wegen.
Halte Kummer, Angst und Leid,
fern von mir zu jeder Zeit,
lass mich deine Nähe spüren,
wenn deine Hände mich berühren.
Schenk mir Gesundheit und Vertrauen,
dann kann ich froh nach vorne schauen.
Beschütz die Menschen, die ich mag,
heute und an jedem Tag,
und lass uns in den Armen dein,
ein Leben lang geborgen sein.

Gottes Hände

Lieber Gott, oh lass mich spüren,
dass deine Hände mich berühren,
dass sie mich halten und mich tragen,
so will ich gern mein Leben wagen,
dass sie mich schützen und mich leiten,
und auch durch Tiefen mich begleiten,
dass sie mir helfen aufzustehen,
dann kann getrost nach vorn ich sehen.

Bereit deinen Willen zu erfüllen

Hier bin ich Herr,
um dir zu danken für deine Liebe und deine Güte,
um dir zu danken, dass du mich geheilt hast.
Voller Kraft und Energie
bin ich nun bereit in deinen Dienst zu treten,
um deine Liebe zu den Menschen zu tragen.
Sag mir was du von mir willst,
und was ich tun kann,
um deinen Willen zu erfüllen.
Denn dein Wille ist auch mein Wille,
und dein Heil ist auch mein Heil,
jetzt und alle Zeit.

Amen

Segensgebet

Gott behüte und beschütze dich.
Er lasse sein Licht über dir leuchten
und halte dich in seinen Händen.
Er schenke dir Harmonie, Gelassenheit,
Ruhe und inneren Frieden.
Er schenke dir Vertrauen, Zuversicht,
vollkommene Gesundheit, Liebe,
Freude und die Fülle des Lebens.
Er begleite dich auf all deinen Wegen,
und segne dich im Namen des Vaters,
des Sohnes und des heiligen Geistes.

Amen

Unsere Hilfe ist im Namen des Herrn

Unsere Hilfe ist im Namen des Herrn,
der Himmel und Erde erschaffen hat.
Denn er ist die Liebe und das Licht,
er ist die Kraft und die Herrlichkeit.
Er ist bei uns alle Tage,
und befreit uns von unseren Sorgen und Ängsten.
Er schenkt uns Heilung und segnet uns jeden Tag.

Amen

Dankgebet

Gott, du bist uns Vater und Mutter,
Bruder und Schwester, Freund und Beschützer.
Du bist bei uns von Anbeginn unseres Lebens.
Du begleitest uns auf all unseren Wegen,
und führst uns auf dem Pfad der Liebe durch diese Welt.
Du lässt dein Licht über uns leuchten,
und segnest uns jeden Tag.
Dafür danke ich dir von ganzem Herzen.

Amen

Danke für deine Gaben

Gott, du hast uns Leben und Nahrung gegeben.
Dafür danken wir dir.
Sei du in unserer Mitte und hilf uns,
dass wir an andere weitergeben können,
was unseren Fähigkeiten und Möglichkeiten entspricht.

Wir danken dir

Danke für die Gaben,
die du uns heute schenkst,
hab Dank für deine Liebe,
mit der du unser Leben lenkst.
Wir danken dir oh Gott,
für unsere Lebenszeit,
gib uns Schutz und Segen,
jetzt und alle Zeit.

Ich danke dir

Danke für die Gaben,
die du mir täglich gibst,
ich danke dir dafür,
dass du mich immer liebst.
Ich danke dir oh Gott,
für deinen Schutz und Segen,
und dass du mich begleitest,
auf allen meinen Wegen.

Persönliches Dankgebet

Hier bin ich Herr!
Ich bin nun bereit, dir mein ganzes Herz zu öffnen,
meinen Weg mit dir zu gehen, deine Liebe,
die du mir schenken willst,
endlich zuzulassen und anzunehmen.
Von Herzen danke ich dir für alles,
was du mir gegeben hast.

Ich danke dir für meinen Mann, für meine Tochter,
für meine Eltern, für meine Brüder,
und für meine ganze Familie.

Ich danke dir für das Glück ein schönes Heim zu besitzen,
genug zu Essen zu haben und jeden Tag satt zu werden.

Ich danke dir für alle meine Freunde und Freundinnen,
und für alle Menschen, die mich im Leben begleiten,
oder begleitet haben.
Jeder von ihnen ist wertvoll,
und hat mir etwas Wichtiges gegeben.

Ich danke dir für die Erfahrungen,
die ich in meinem Leben machen durfte.
Auch wenn einige schmerzvoll waren,
so habe ich doch aus ihnen gelernt,
und wäre ohne sie nicht der Mensch, der ich heute bin.
Auch wenn ich das oft nicht so gesehen habe.

Ich danke dir von ganzem Herzen,
dass du mich nicht aufgegeben hast,
auch wenn ich oft so uneinsichtig war.
Dass du trotzdem an meiner Seite geblieben bist,
und mir deine unendliche Liebe schenkst,
mir so oft verzeihst, wenn ich nicht verstehe,
oder falsche Wege gehe.

Ich danke dir Herr für mein Leben, für mein ganzes Sein.
Ich vertraue dir mein Leben an,
lege es in deine gütigen Hände,
mit allen Hoffnungen und Wünschen, denn ich weiß,
du wirst mich heilen, mich von allen Ängsten,
Sorgen und Krankheiten befreien, weil du mich liebst,
so wie ich bin, und weil du nur mein Bestes willst.
Du schützt mich vor allem, was mir nicht gut tut,
und schenkst mir Kraft und Energie zum Leben.

Hier bin ich Herr, voll Vertrauen und Zuversicht.
Danke, dass ich den Weg zu dir endlich gefunden habe,
endlich angekommen bin. Lass mich deine Nähe spüren,
deine Liebe und deine Güte, jetzt und alle Zeit.
Danke für die Wunder, die du an mir geschehen lässt.
So segne mich Vater, im Namen des Vaters,
des Sohnes und des heiligen Geistes.

Amen

Inhaltsverzeichnis

Sternenkinder

Gebete